小さい選手が大きい選手に勝つための

バスケットボール・スキル

監修 富樫英樹
開志国際高等学校
バスケットボール部総監督

マイナビ

小さな選手が勝つため必要なこと

身体が小さい選手が、バスケットボールで活躍するには、まずはスピードとボールテクニックを磨くこと。それには、基本に裏付けされた確実なプレーを徹底して身につけなければなりません。息子の勇樹（千葉ジェッツ・富樫勇樹選手）も小学校に上がる前に、ボールハンドリングをマスターしていました。また、約 40 分間をしっかり戦い抜く体力も必要です。

チームで試合に勝つには、相手チームの特徴を分析して、攻守を組み合わせ、相手にプレーさせない、得点させない戦術、戦略を身につけましょう。気持ちを強く持ち、自信をもって、本書のテクニックや練習に取り組んでみてください。

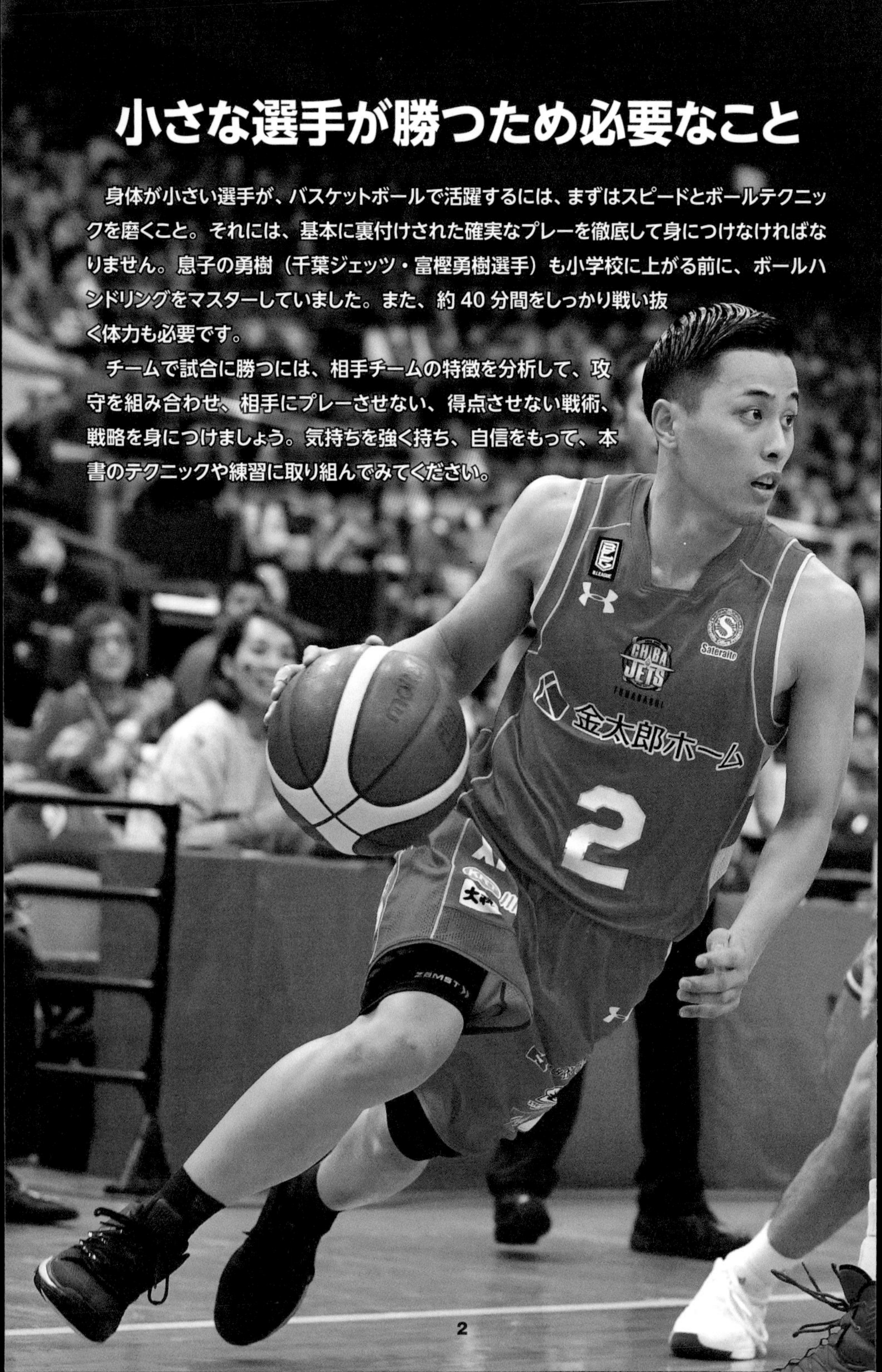

小さい選手が大きい選手に勝つための
バスケットボール・スキル

本書の3大特徴

特徴❶

個の力を伸ばす基本のプレー

全プレーの基本となる姿勢を見直し、
ボールコントロールを磨くための解説を行います。
パス、ドリブル、シュート、リバウンドの各テクニックでは、
とくに身体が小さい選手にも有効なプレーを説明します。

特徴❷

チーム力を高める戦術と戦略

サイズで劣るチームであれば、
スピードとテクニックのほかに、戦術と戦略も重要になります。
自チームの特長と、相手チームの戦力を見抜き、
試合やプレー毎に、攻守の連携を活かした戦い方を紹介します。

特徴❸

当たりに負けないフィジカル強化

フィジカルの強さ=体幹の強さとも言えるでしょう。
ボックスアウトを行うことで、リバウンドで優位に立つこと。
相手とのコンタクトに負けない身体をつくるために、
バスケ選手の必須トレーニングを載せています。

Contents

Contents

編　集　ナイスク http://naisg.com
松尾里央　岸 正章
執　筆　大久保 亘
本文デザイン・DTP　沖増岳二
カメラ　菅原 淳
協　力　開志国際高等学校男子バスケットボール部
津野祐樹
表紙の写真提供　千葉ジェッツふなばし（撮影 Junji Hara）

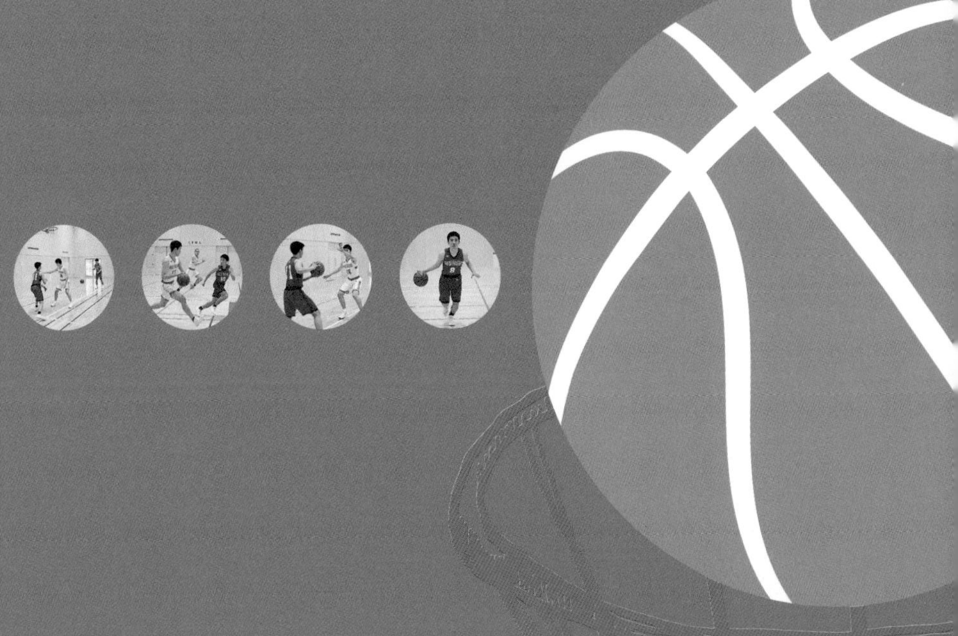

第1章
基本プレー

基本姿勢を見直す

体が小さい選手でも、正しい基本姿勢を身につければ、スピードアップやプレーの質が高まる

最後は1対1で勝負するために

バスケットボールはチームプレーだが、最後は1対1で勝負ができなければ勝てない。まずは正しい基本姿勢を身につけることから始めよう。

小さな選手にとって、スピードは生命線

正しい姿勢でプレーをすれば､スピードがアップする。大きな選手をスピードで抜き去ろう。

基本姿勢だからこそスキルアップ

基本姿勢がしっかりしていると、ボールハンドリングの安定につながる。ドリブル、パス、シュートの精度を上げて、自滅しない選手を目指す。

ぶれない身体で相手を揺さぶる

大きな選手は、横の揺さぶりに弱い傾向がある。ボールを左右へ大きく振っても、ぶれない軸を身につけよう。

小さな身体でも強いコンタクトに負けない

大きな選手はそれだけ体重も重い。正しい姿勢が身についていれば、身体が小さくても身体同士のコンタクトにも負けない。

01 トリプルスレット

ドリブル、パス、シュートがいつでもできる姿勢

相手にとって守りにくい姿勢

トリプルスレットとは、ドリブル、パス、シュートがいつでもできる姿勢のこと。相手にとっては、どこに重点を置くかが絞れないので、とても守りにくい。

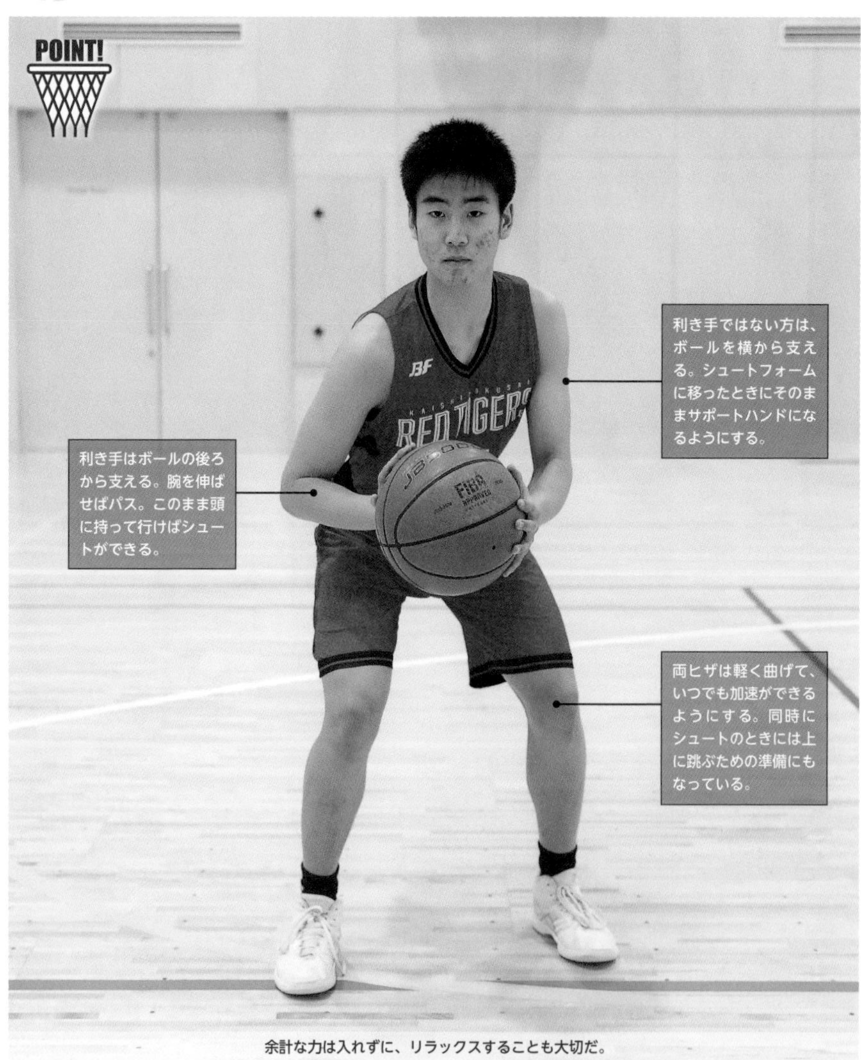

余計な力は入れずに、リラックスすることも大切だ。

上体は前傾させて、重心は前寄り

トリプルスレットは前方に加速したり、上に跳んだりするための基本姿勢。そこで上体はやや前傾させる。自動的に重心はやや前寄りになる。

前傾しているので、重心はつま先側に乗る。これでいつでもスタートが切れる。

お腹を引き締める意識を持つと、体幹が安定する。

上達へのアドバイス

自分の感覚も大切にする

基本的なフォームは説明した通りだが、最終的に一番大切なことはすばやく動けること。もし窮屈に感じるようなら微調整して、自分に合ったフォームを追求していこう。

基本姿勢を見直す

02 インサイドフット

リングに近いほうの足を軸足にしてキャッチする

キャッチしたら身体の面をリングへ向ける

インサイドフットを軸足にしたボールミート。ディフェンスを振り切ってキャッチ、フリーフットをリングの方向へ踏み出して、身体をリングに向ける。

1 ディフェンスを振り切って、

2 ボールへ向かって移動する。

3 ターゲットハンドを示す。

4 ディフェンスに狙われないように

5 空中でキャッチしたら、インサイドフットで着地する。

6 フリーフットをリングへ踏み出して

7 トリプルスレットでリングを向く。

上達へのアドバイス

軸足の一歩前で勢いを吸収

ディフェンスを振り切るときにはスピードが必要。その勢いをキャッチする直前の一歩でしっかりと吸収することが大切だ。

基本姿勢を見直す

03 アウトサイドフット

リングから遠いほうの足を軸足にしてキャッチ

リングから離れる動きでディフェンスを振り切っておく

アウトサイドフットを軸足にしたボールミート。スチールを狙われないように、事前にディフェンスをしっかりと振り切っておくことが大切だ。

1 リングから離れるように移動して

2 ディフェンスを振り切る。

3 ターゲットハンドを示して

4 ボールを呼び込む。

5 インサイドフットで勢いを吸収。

6 空中でキャッチしたら、アウトサイドフットで着地。

7 トリプルスレットでリングを向く。

上達へのアドバイス

キャッチ直前に半身になっておく

キャッチする直前に身体の面をリングに向け始めておくと、アウトサイドフットで着地したときにトリプルスレットになりやすい。

基本姿勢を見直す

04 リバースターン

フリーフットを引いて、ディフェンスとの間合いを取る

ボールはディフェンスから離してキープ

アウトサイドフットでミートしたが、オーバーディフェンスされてトリプルスレットができない。そんなときはボールをディフェンスから遠ざけて、リバースターンすれば解決できる。

1 ディフェンスを振り切って

2 アウトサイドへ出ていく。

3 ターゲットハンドを出してミート。

4 オーバーディフェンスされたら

5 無理しないでボールを引いてキープ。

6 フリーフットを引いてリバースターン。

7 ディフェンスとの間合いを広げて

8 トリプルスレットで構える。

上達へのアドバイス

慌てずにまずはボールキープ

ディフェンスがプレッシャーをかけてきたときに慌てないこと。ボールを引いてしっかりと身体を使って守れば怖がる必要はない。

基本姿勢を見直す

05 フロントターン

フリーフットを強引に前方に踏み出す

コンタクトに負けない体幹も大切

こちらはインサイドフットでミートしたが、オーバーディンフェンスで前を向けないときの対処法。フリーフットを強引に踏み出してトリプルスレットになる。

1 スピードでディフェンスを振り切ろうと

2 アウトサイドへ出ていく。

3 ターゲットハンドを示して

4 インサイドフットを軸足に

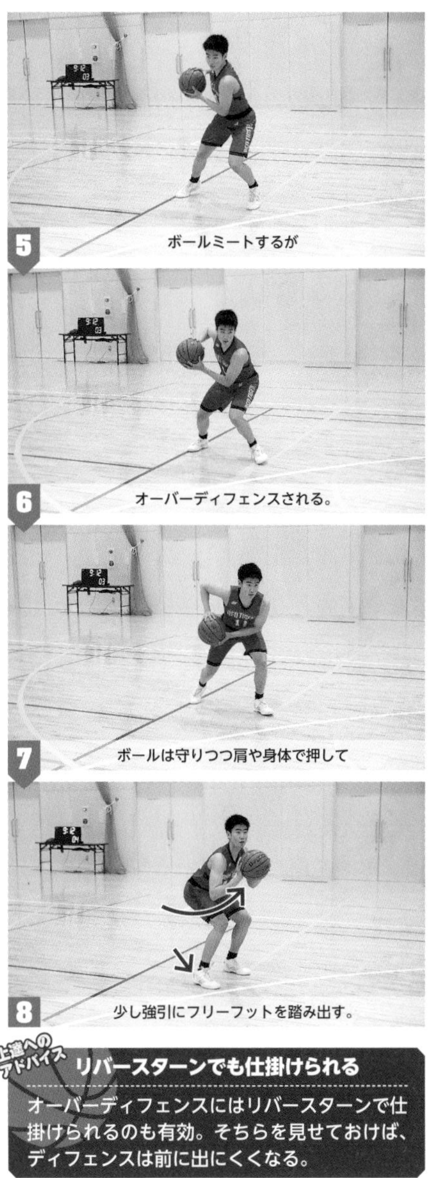

5 ボールミートするが

6 オーバーディフェンスされる。

7 ボールは守りつつ肩や身体で押して

8 少し強引にフリーフットを踏み出す。

上達へのアドバイス

リバースターンでも仕掛けられる

オーバーディフェンスにはリバースターンで仕掛けられるのも有効。そちらを見せておけば、ディフェンスは前に出にくくなる。

ボールハンドリング

ミスをしないで、ボールを自在に扱う。身体の小ささをカバーする技術をできる限り高める

ドリブルドリルは様々なプレーの質を上げる

ドリブルドリルでハンドリングスキルを高めると、単にドリブルのスキルが上がるだけでなく、パスやキャッチなど様々なプレーの質まで向上する。

リーチの短さを弱点にしない

身体が小さいと、リーチの短さが弱点だと感じてしまいがち。しかし高いハンドリングスキルを武器にすれば、リーチの短さを弱点と感じなくなる。

強さと柔軟性を兼ねたパワーポジションで行う

胸を張って顔を上げ、ヒザを軽く曲げたパワーポジションは、強さと柔軟性を兼ね備えている。ハンドリング中は、パワーポジションを意識しよう。

コーディネーション能力も高められる

ボールを２個使って左右で別の動きをしたり、テニスボールを使ったりする。こうしたトレーニングではコーディネーション能力も高められる。

実戦ではドリブルは最後の手段

ドリブルスキルが上がっても、それだけで得点を重ねることは難しい。実戦になれば、ドリブルは最後に１対１でゴールアタックする手段と考える。

ボールハンドリング

06 ドリブル

パワーポジションでドリブルは強くつく

手から離れている時間は短く

パワーポジションで構えたら、手首のスナップを使ってドリブルを強くつく。ボールが手に触れている時間を長く、離れている時間は短くする。

1 手首のスナップを利かせて強くつく。

2 弾んできたボールを、低い位置で受ける。

3 勢いを吸収して手に張り付かせる。

利き手と逆の手は回数や時間を増やす。

上達へのアドバイス

身体全体を柔らかく使って、リズムよく

各関節の使い方が固いと、動きのぎこちなさやミスの原因になる。リズムを作りながら、ヒザやヒジなど身体を柔らかく使おう。

ボールハンドリング

07 前後

V字を描くように前後に動かす

後方も手首をしっかりと返す

ヒジは伸ばしたまま肩を支点にして、前後にボールを弾ませる。ボールの移動する方へしっかりと手のひらを入れることが大切。特に後方は甘くなりがちなので注意。

1 足の横で弾ませて後方へ弾ませて

2 手首をしっかりと返して受ける。

3 同じ位置で弾ませるようにする。

4 ボールの移動方向へ手のひらをしっかりと入れる。

応用編 Let's Try

利き手とは逆の手の苦手意識をなくそう。

上達へのアドバイス

瞬間的にボールの重心を感じる

ミスが起きやすいのは弾んできたボールを受けるとき。触れた瞬間にボールの重心を感じられるようになろう。

ボールハンドリング

08 片手左右

片手だけでボールを左右に動かす

ディフェンスを横に揺さぶる

片手だけでボールを左右に動かす。大きな選手は横への揺さぶりに弱い傾向がある。これはそのための基本となるボールハンドリングだ。

1 手首を曲げてボールを斜め上から押して

2 両足の真ん中あたりで弾ませる。

3 反対も手首をしっかりと返して受け止める。

利き手と逆の手の指先の感覚も高める。

上達へのアドバイス

ヒザでリズムを取る

身体の使い方が固いとミスをしやすい。ボールの動きに合わせて、ヒザで軽くリズムを取るようにするとうまくいく。

ボールハンドリング

09 ボール2個前後

ボール 2 個を同時に前後に動かす

両手の動きを合わせて前後にドリブル

片手で前後にできるようになったら、ボールを２個に増やして、左右同時に行う。やることそのものは同じ。頭で考えるのではなく、感覚を磨くことが上達の近道だ。

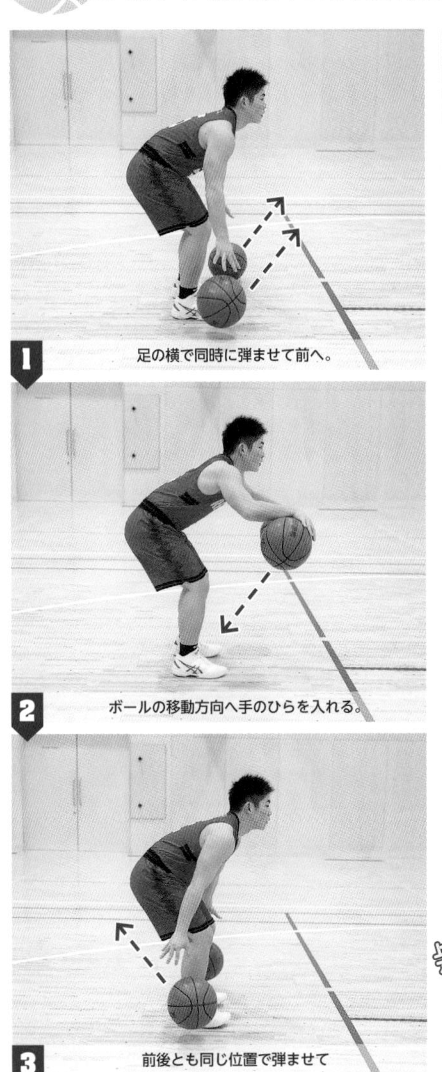

1 足の横で同時に弾ませて前へ。

2 ボールの移動方向へ手のひらを入れる。

3 前後とも同じ位置で弾ませて

4 手のひらを返して、後ろでボールを受ける

ヒジを伸ばして振り子のように使う。

上達へのアドバイス

前後交互のパターンも

慣れてきたら「右前－左後ろ」～「右後ろ－左前」と左右で前後逆の動きをするパターンもやってみよう。

ボールハンドリング

10 ガルウィング

左右へ広く高くドリブルをつく

肩よりも高く弾ませる

左右へ動かしたときボールは肩よりも高いところまで弾ませる。そのためにはドリブルを強くつかなければならない。手首を使ってしっかりとつくこと。

1 左から右へ向かって動かす。

2 ボールを受けるのは低いが、

3 手のひらにつけたまま肩の上まで引き上げる。

4 同じように右から左へ動かして、

5 肩よりも高くまで弾ませる。

上達へのアドバイス

肩甲骨を広げる意識で使う

左右へ広く高く弾ませる。このとき腕だけではなくて、肩甲骨を広げる意識で使うと、ドリブルがより力強くなる。

ボールハンドリング

11 ボール2個を交差

両足の中央でボールを入れ替える

左右が別の動きをする

両手で２個のボールを同時についたら、タイミングを合わせてボールを交差させて入れ替える。右手は左へ、左手は右へと別の動きをするのがポイント。

1 両手で同じリズムでドリブルをして

2 タイミングを合わせる。

3 右手から左へ、左手から右へ

4 弾んだボールをそれぞれの手で受ける。

上達へのアドバイス **同じ強さでついているかチェック**

利き手ではない方はドリブルが弱くなりがちで、肩までバウンドさせられないことがある。どちらも同じ強さでつくようにする。

ボールハンドリング

12 交差レッグスルー

股下と足の前で、ボールを左右に入れ替える

手をすばやく動かす

左右同時にワンドリブルしたら、1個は足の前から、もう1個は股下を通して左右入れ替える。ボールが弾んでくる前に手をすばやく正確に動かすこと。

1 左右同時にワンドリブルして

2 股下と足の前で入れ替える。

3 弾んだボールをそれぞれの手で受ける。

4 再びワンドリブルをして

5 今度は逆から同じように

6 股下と足の前で入れ替える。

7 ボールが弾んでくるところへ

8 正確にすばやく手を動かす。

上達へのアドバイス

ヒザの向きに注目

ボールを入れ替えるとき、股下を通す方向へ両ヒザを向けると、ボールの通り道ができる。曲げたヒザの後ろでボールを受けやすくもなる。

ボールハンドリング

13 テニスボールキャッチ

ドリブルしながらテニスボールをキャッチする

コーディネーション能力の向上が期待できる

片手でドリブルしながら、もう片手でテニスボールを投げてキャッチ。重さが違うものを使って、違う動きをすることでコーディネーション能力を高める。

1 テニスボールを持ってドリブルして

2 テニスボールだけ上に投げる。

3 テニスボールが空中にある間に

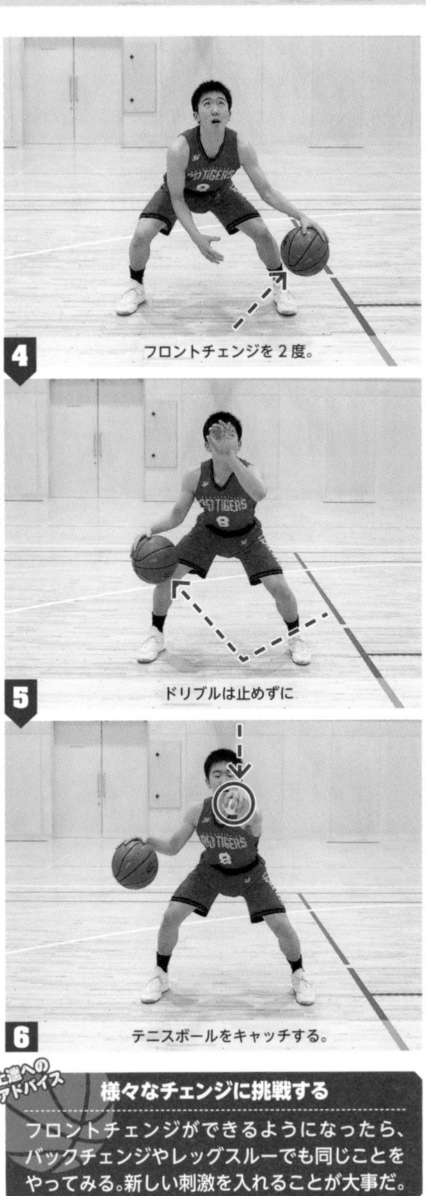

4 フロントチェンジを2度。

5 ドリブルは止めずに

6 テニスボールをキャッチする。

上達へのアドバイス

様々なチェンジに挑戦する

フロントチェンジができるようになったら、バックチェンジやレッグスルーでも同じことをやってみる。新しい刺激を入れることが大事だ。

ボールハンドリング

14 壁でテニスボールキャッチ

重さの違うボールを正確にコントロールする

テニスボールを投げる強さも調整する

ドリブルしながらテニスボールを壁に当ててキャッチする。自分のところへ正確に弾んでくるように強さや角度を調整する分だけ難易度が上がる。

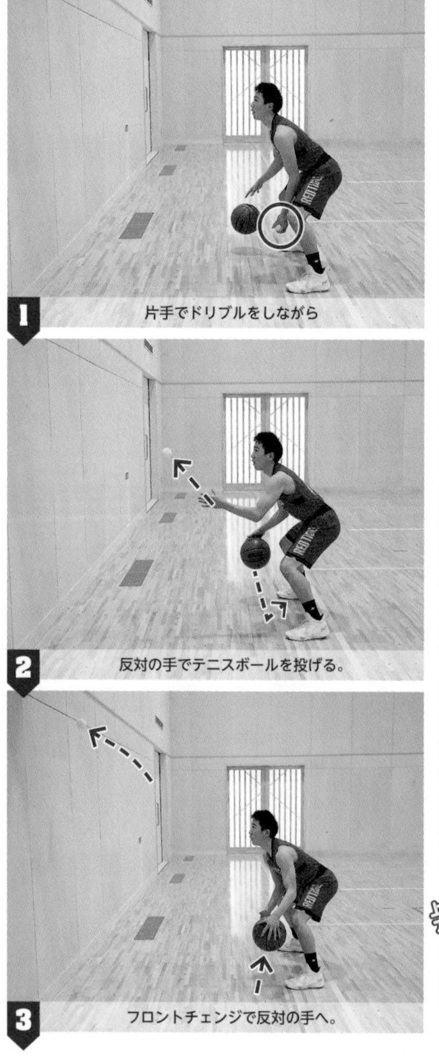

1 片手でドリブルをしながら

2 反対の手でテニスボールを投げる。

3 フロントチェンジで反対の手へ。

4 返ってくる前にもう一度行い

5 テニスボールをキャッチする。

上達へのアドバイス

ボールの重さが違う

軽いテニスボールを投げてから、重いバスケットボールを扱うため、瞬時に力を調整することが必要。この点に注意しながらやってみよう。

ボールハンドリング

15 パンチストップ

力強く急激に止まる

足を鋭角に出して 1 歩で止まる

ドリブルから急激にストップする。ドリブルしている手と、前足が同じ。床と前足のスネが鋭角になるようにして前に出る力をロックするイメージだ。

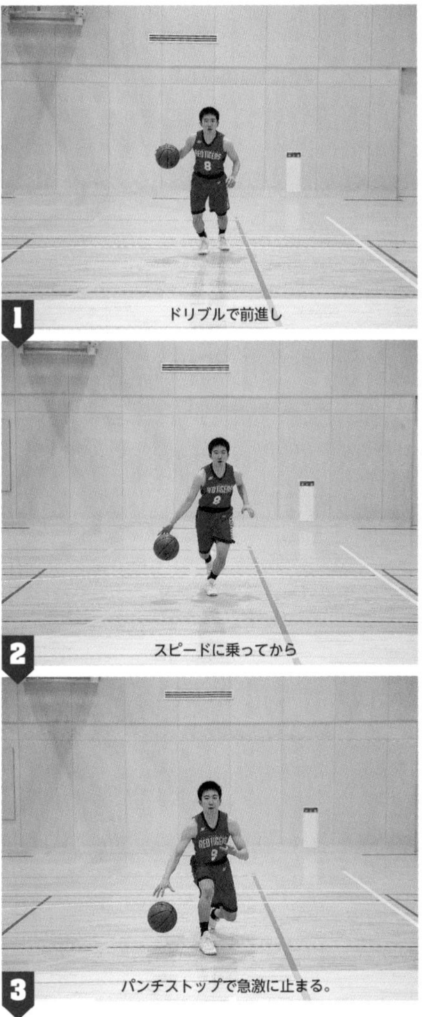

1 ドリブルで前進し

2 スピードに乗ってから

3 パンチストップで急激に止まる。

4 急に止まることで

5 ディフェンスがついて来られず

6 間合いを広げられる。

上達へのアドバイス

上体は同じ姿勢をキープする

上体が倒れると、バランスが崩れて、コンタクトに弱くなり、次の動き出しも遅くなる。体幹を締めて、上体は同じ姿勢をキープする。

ボールハンドリング

16 ジグザグドリブル❶（レッグスルー）

斜めにドリブルしてレッグスルーで方向転換

アクセントをつけて止まる

目印にコーンをジグザグに並べる。斜めにドリブルで進み、パンチストップのようにアクセントをつけて止まる。身体の向きを変えながらレッグスルー。

1 コーンに向かってドリブルして

2 レッグスルーで方向を変える。

3 ストップするときに

4 パンチストップのように

5 アクセントをつける。

6 パンチストップと違って

7 ドリブルの手と前足が

8 逆になる点に注意する。

上達へのアドバイス

足の位置とボールを通す角度

レッグスルーは前足でブロックして、斜め後方にボールを動かすので、ディフェンスにスチールされにくいというメリットがある。

ボールハンドリング

17 ジグザグドリブル❷（バックチェンジ）

斜めにドリブルしてバックチェンジで方向転換

お尻の真下で弾ませる

ジグザグにドリブルで進み、方向を変えるときにはバックチェンジで行う。バックチェンジはボールをお尻の真下辺りで弾ませるとうまくいく。

1 斜めにドリブルで進み

2 ストップしたらバックチェンジして

3 方向を変えて進む。

4 ストップするときには

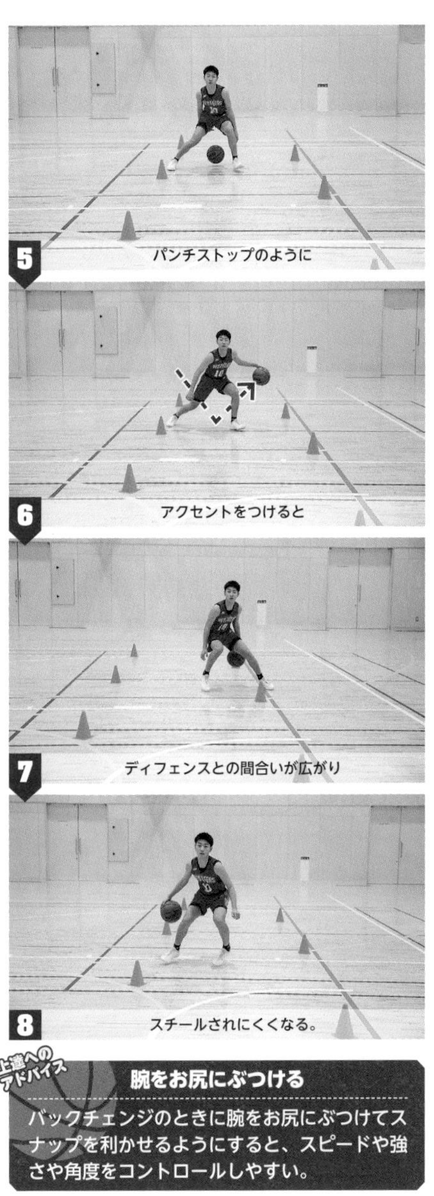

5 パンチストップのように

6 アクセントをつけると

7 ディフェンスとの間合いが広がり

8 スチールされにくくなる。

上達へのアドバイス

腕をお尻にぶつける

バックチェンジのときに腕をお尻にぶつけてスナップを利かせるようにすると、スピードや強さや角度をコントロールしやすい。

練習法

18 2人組でテニスボールキャッチ

合図を出して投げてもらったボールを捕る

複数のチェンジを正確にすばやく

合図を出してレッグスルーとバックチェンジを連続で行ってから、反対の手でテニスボールをキャッチ。複数のチェンジを正確にすばやくやる必要がある。

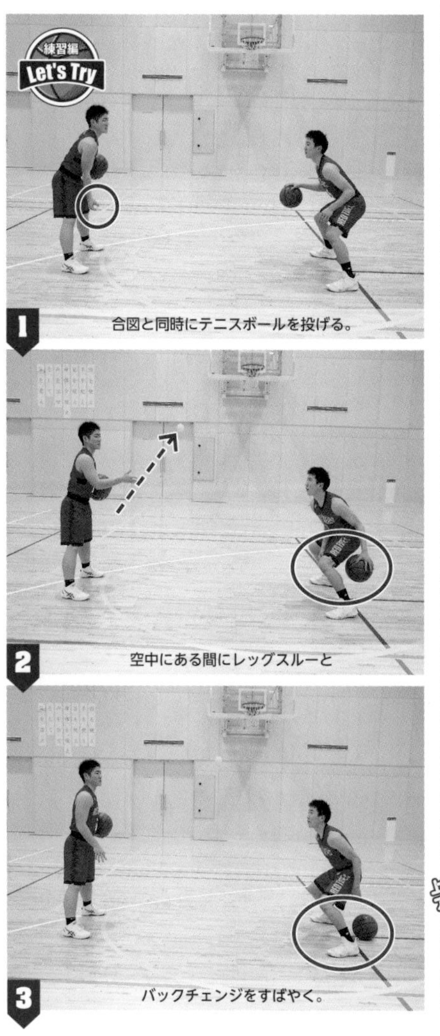

1 合図と同時にテニスボールを投げる。

2 空中にある間にレッグスルーと

3 バックチェンジをすばやく。

4 ボールが元の手に戻ったら

5 反対の手でテニスボールをキャッチ。

6 投げ返すときも正確に。

上達へのアドバイス

低い姿勢をキープする

チェンジをするとき上体がぶれたり、重心が動いたりするとすばやい動きができない。体幹を締めて、低い姿勢をキープする。

利き手とは反対の練習回数を増やす

バランスが悪いと感じるくらい利き手以外を練習する。利き手は意識してないところで使っているものなので、練習しなくても自然にうまくなるものだ。

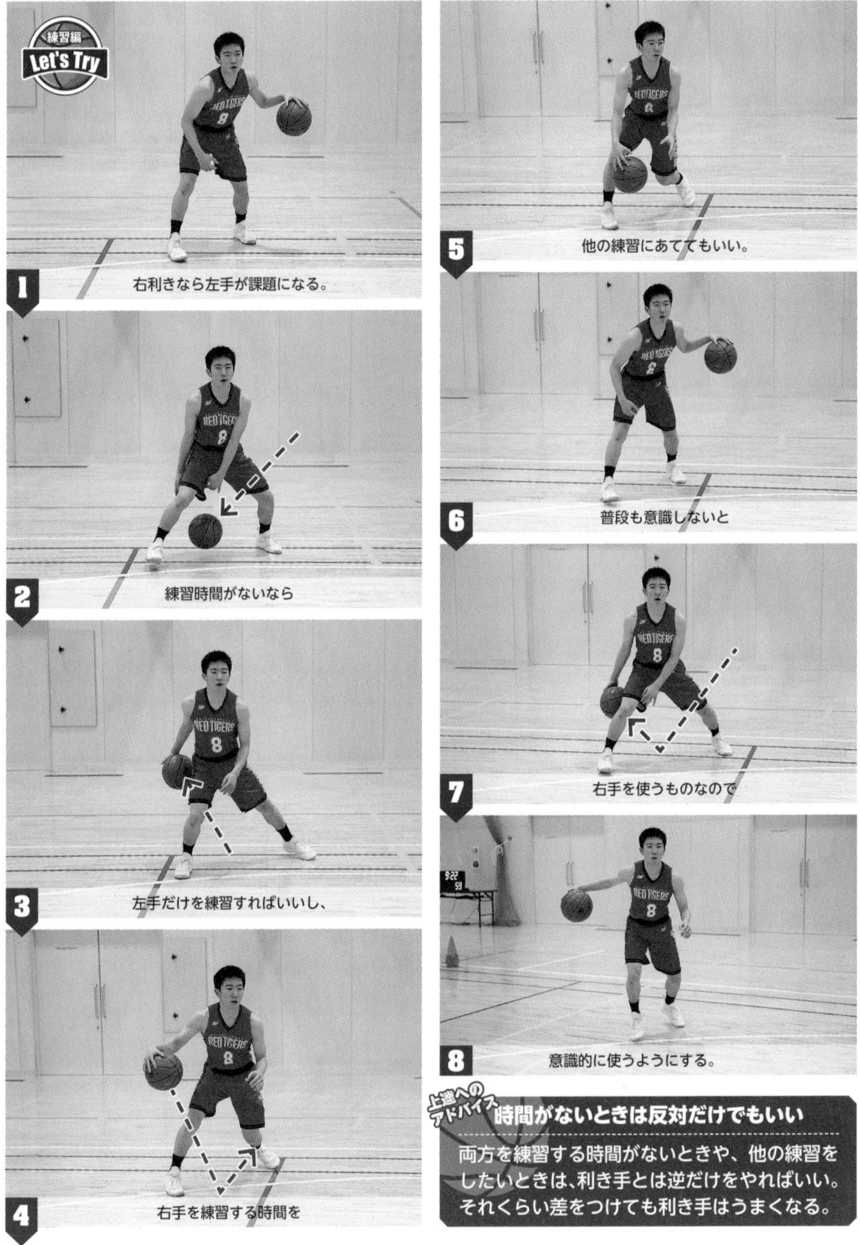

1 右利きなら左手が課題になる。

2 練習時間がないなら

3 左手だけを練習すればいいし、

4 右手を練習する時間を

5 他の練習にあててもいい。

6 普段も意識しないと

7 右手を使うものなので

8 意識的に使うようにする。

上達へのアドバイス 時間がないときは反対だけでもいい

両方を練習する時間がないときや、他の練習をしたいときは、利き手とは逆だけをやればいい。それくらい差をつけても利き手はうまくなる。

パス

パスミスをしない選手になるための3要素。身体の大きさに頼らない確実なプレーで、流れを引き寄せる

状況に適したパスで身体の小ささをカバーする

最適なパス方法で、判断よくパスが出せれば、インターセプトの危険は小さくなる。身体が小さいことをカバーするためにも、高いパススキルを身につけよう。

パスミスは失点に直結する

ドリブルをミスしても、相手チームの点数にすぐつながらないケースは多い。ディフェンスで取り戻せる可能性がある。しかしパスをインターセプトされてしまうと、即２失点に直結する。パスは致命的なミスなのだ。まずはミスの重要度が違うことを心に刻んでおこう。

❶ビジョン

パスミスは周囲の状況が見えていないときに起きる。見えない最大の原因は、ハンドリングのスキルの未熟さ。ある程度ハンドリング技術はあっても、大きな選手にコンタクトされると、不安になって視野が下がりやすい。

❷判断力

パスが難しい理由が、目で見えないし、数値でも測れない「判断力」が成否を分けるところにある。判断力は何かをきっかけに急激に伸びるものではない。少しずつ地道に磨いていくつもりでパスに取り組んでいこう。

❸ハンドリングスキル

ハンドリングスキルが未熟だと、目線が下がる。目線が下がれば、視野が狭くなる。互いに密接な関係にある。またワンハンドパスが有効な場面もあるが、ミスのリスクは高い。ミスをしないことを最優先させて、両手で丁寧に出すことを徹底する。

パス

19 2メン

パスの大事なポイントを押さえる

手首のスナップを使ってノーモーションで出す

パスを出すことをディフェンスに読まれないために、ノーモーションでパスをする。ボールを引かずに、手首のスナップだけで弾き出す。

胸の前でボールを構えたら、そこからボールは引かない。手首のスナップを鋭く利かせてパスをする。

1 胸の前で両手でボールを構え

2 ボールは動かさずに

3 2歩分移動してから

4 手首のスナップだけでパスする。

顔は正面を向いたままノールックパスを出す

パスを出す方を向くことも、ディフェンスに読まれる原因となる。パスを出す相手は周辺視野で確認して、正面を向いたままノールックパスを出す。

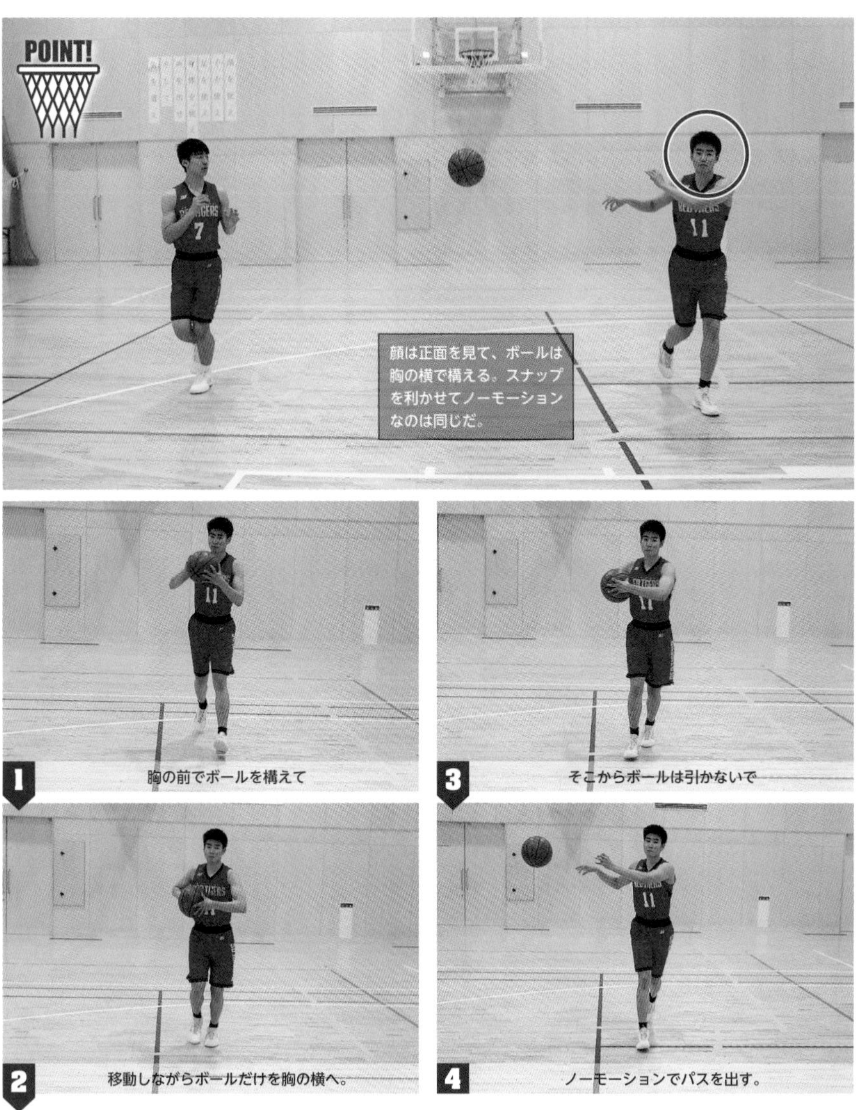

顔は正面を見て、ボールは胸の横で構える。スナップを利かせてノーモーションなのは同じだ。

1 胸の前でボールを構えて

2 移動しながらボールだけを胸の横へ。

3 そこからボールは引かないで

4 ノーモーションでパスを出す。

上達へのアドバイス

ディフェンスは目線でだます

ディフェンスは本能的に顔が向いた方向を守ろうとする。ノールックパスと分かっていても引っかかるので、有効なテクニックだ。

パス

20 ワンハンドプッシュパス

片手のスナップだけでパスを出す

身体の向きは正面のまま出せる

身体は正面を向いたまま、体側で構えたボールを、ワンハンドのスナップを利かせてパスをする。身体は正面を向いたまま出しやすい。

1 前進しながら体側でボールを構える。

2 ボールの真後ろから押し出すようにして

3 スナップを利かせて出す。

上達へのアドバイス

ボールの中心を後ろから押す

ボールの中心を真後ろから押し出すようにするとボールには縦回転がかかる。回転が横や斜めになるとコントロールが悪くなる。

パス

21 エアパス

空中でキャッチして着地の直前にパス

空中でもノーモーションパスで

ジャンプして空中でキャッチしたら、着地する直前にパスを返す。キャッチしたところからボールを引かずに、ノーモーションパスができるとベストだ。

1 左足で踏み切ってジャンプして

2 空中でボールをキャッチする。

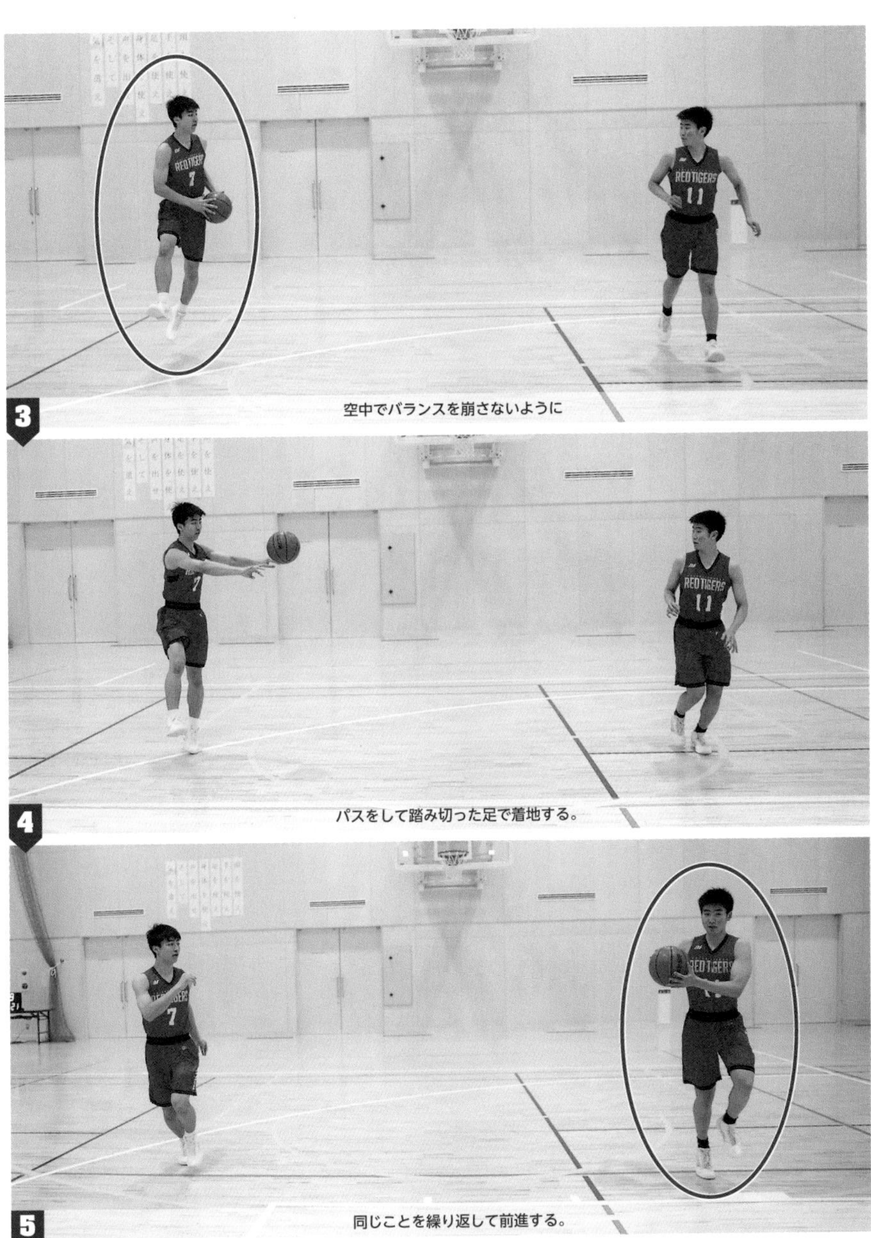

3 空中でバランスを崩さないように

4 パスをして踏み切った足で着地する。

5 同じことを繰り返して前進する。

上達へのアドバイス

空中姿勢を安定させる

空中でキャッチしてパスを出すためには、体幹を締めて姿勢を安定させておく必要がある。意識的に腹筋や背筋を引き締めるようにしよう。

パス

22 ツーステップパス

空中でキャッチして 2 歩前進する

ドリブルなしでボールを運ぶ

キャッチする直前にジャンプ。空中で受けたらその流れで 2 歩前進してからパスを返す。これを使うとドリブルを使わなくてもボールを運べる。

1 相手の少し前にパスを出す。

2 ジャンプして空中でキャッチして

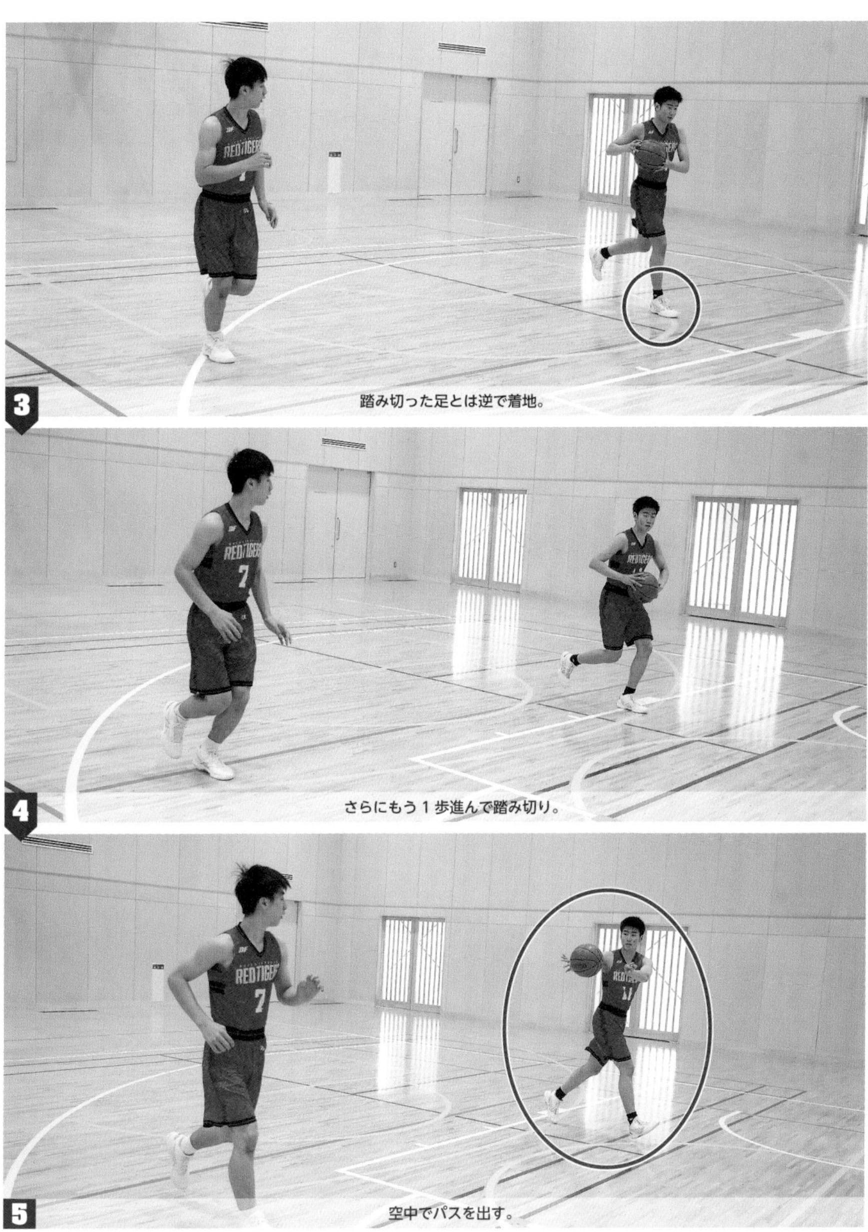

3 踏み切った足とは逆で着地。

4 さらにもう１歩進んで踏み切り。

5 空中でパスを出す。

上達へのアドバイス

パスのタイミングは自由

2歩移動する間のいつでもパスができることを意識する。エアパスを含めると、さらにパスのタイミングは増える。ディフェンスに的を絞らせないパスを目指そう。

パス

23 オーバーヘッドパス

ディフェンスの頭上を狙う

頭上から 手首のスナップを利かせる

高いところからパスを出せるので、ディフェンスの頭上を越えるような軌道でパスが出せる。手首のスナップを利かせて投げる。

1 両手でボールを挟むように持って

2 頭の上まで持って行き

3 前に投げる。

出す角度によって軌道を変える

ループ軌道で遠くを狙ったり、低く鋭い軌道で近くを狙ったりできる。フォームは同じなので、状況によってとっさに使い分けられる。

1 おでこの上辺りに構えて

2 前に向かって出せば低いパスになる。

1 ほとんど同じか前から

2 斜め上に出せばループになる。

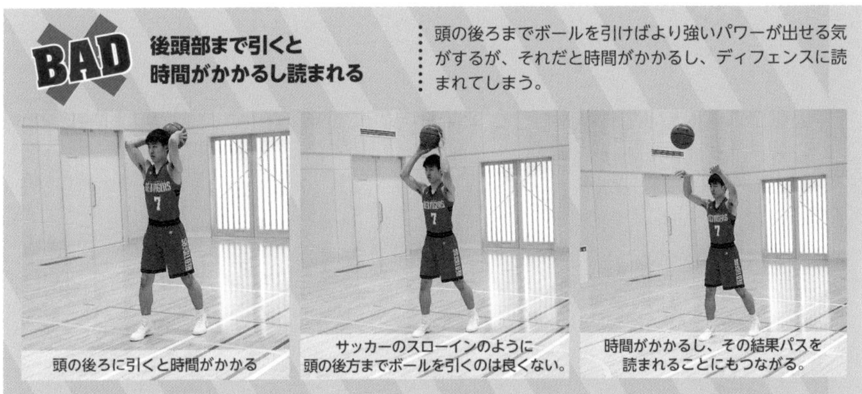

後頭部まで引くと時間がかかるし読まれる

頭の後ろまでボールを引けばより強いパワーが出せる気がするが、それだと時間がかかるし、ディフェンスに読まれてしまう。

頭の後ろに引くと時間がかかる

サッカーのスローインのように
頭の後方までボールを引くのは良くない。

時間がかかるし、その結果パスを
読まれることにもつながる。

上達へのアドバイス

アウトサイドや逆サイドへの展開に

オーバーヘッドパスは、インサイドからアウトサイドへ出すときや、コートの逆サイドへ展開するときに効果的なパス方法だ。

パス

24 パスコース（足元まわり）

手が届きにくいヒザ下を狙う

ヒザ下は手が届かない

ディフェンスはハンズアップして守る。パスコースは、その手が届かないヒザ下が狙い目。足を出して止めればバイオレーションになる。

1 ディフェンスはハンズアップして守る。

2 このままではパスコースは狭いので

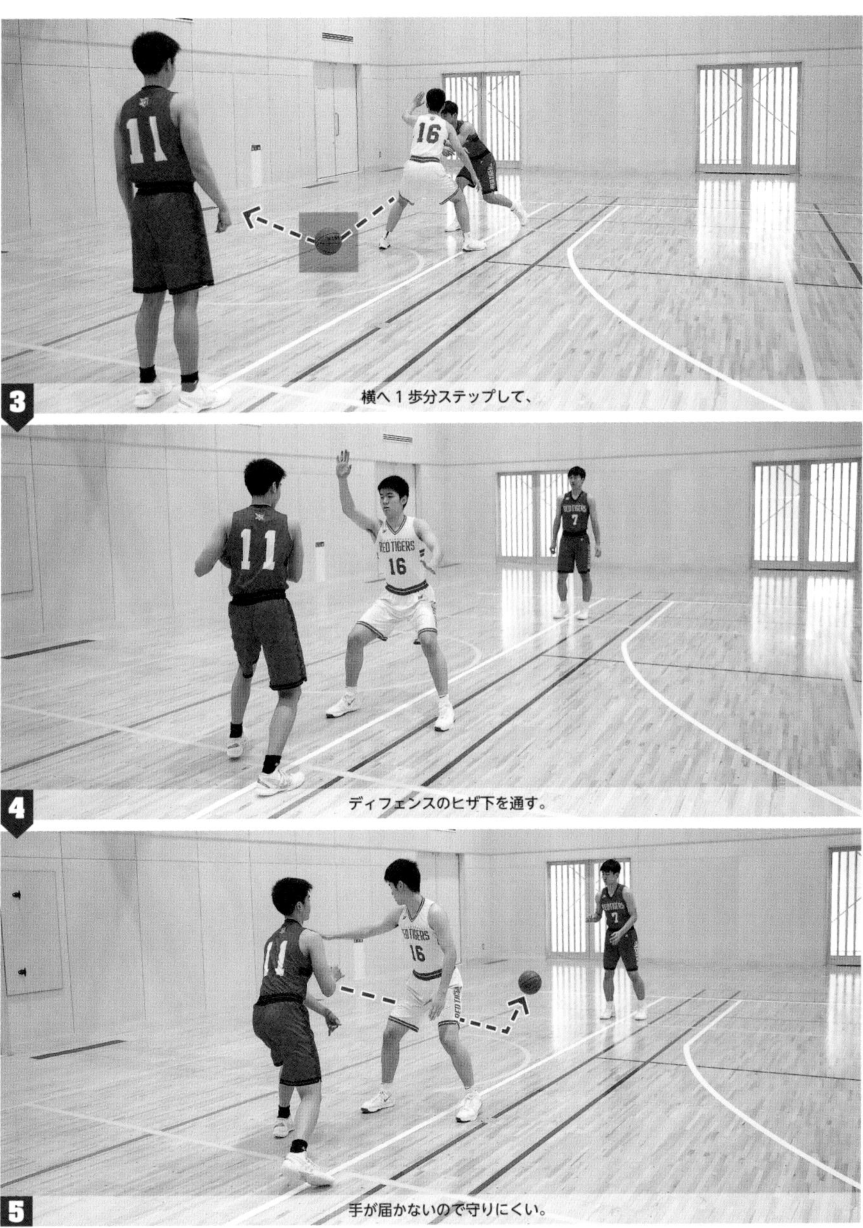

3 横へ１歩分ステップして、

4 ディフェンスのヒザ下を通す。

5 手が届かないので守りにくい。

上達へのアドバイス

目線や身体の向きで絞らせない

ヒザ下を狙うときは目線を遠くにしておくと、ディフェンスは上を狙っていると感じる。目線や身体の向きでパスコースを読まれないようにする。

パス

25 パスコース（頭まわり）

顔の近くは意外に反応しにくい

ディフェンスの頭上や顔の横を狙う

ディフェンスの頭上を、オーバーヘッドパスで狙う。素直に構えるだけだと読まれるので、足元を狙うフェイクを見せるなど工夫をする。

1 狙いを読まれないように工夫をして

2 すばやく頭上にボールを構えて

3 オーバーヘッドパスを出す。

顔の横には手を出しにくい

ワンハンドプッシュパスでディフェンスの顔の横を狙ってパスを出す。顔の近くに投げられると一瞬動作は止まり、ディフェンスは手が出しにくい。

1 足元へのフェイクを入れながら

2 ワンハンドで顔の横を狙う。

3 ディフェンスは手を出しにくい。

上達へのアドバイス

途中で止める判断力も

パスは両手で丁寧に出すのが基本。両手なら途中で止められるが、ワンハンドではできない。ぎりぎりの判断力を高めるつもりで取り組んでいこう。

練習法

26 2対1から3対2

実戦的な練習で判断力を高める

流れの中で判断力を高める

基本フォーム練習だけではパス能力は高まらない。結局、パスは判断力がもっとも大事な要素。それには変化する状況の中でのパスを磨くしかない。

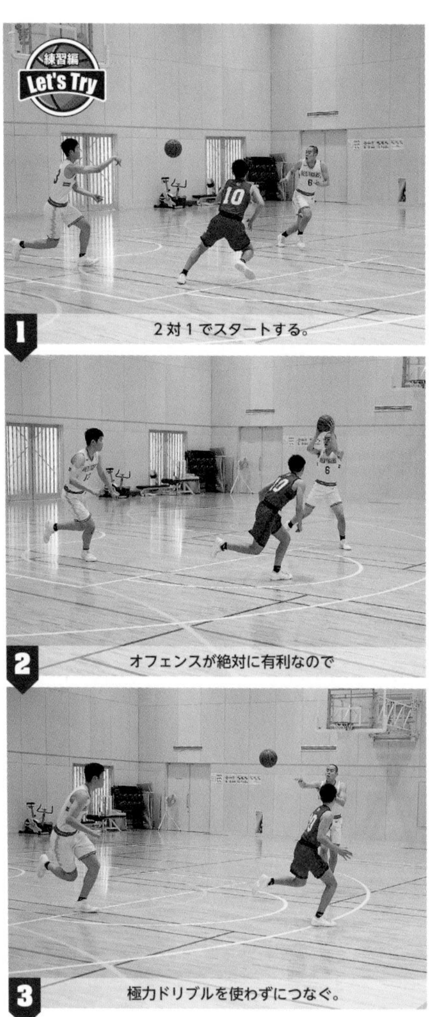

1 2対1でスタートする。

2 オフェンスが絶対に有利なので

3 極力ドリブルを使わずにつなぐ。

4 ディフェンスの守り方によって

5 ノーマークの選手がシュート打つ。

1 ワンハンドプッシュパスを使うなど

2 状況に応じて最適なパス方法を選択する。

攻守交替して2人が参加する

両コーナーから2人が参加して3対2になる。速攻の形になっているので、同じようにノーマークの選手にパスを出してシュートを打つ。

1 シュートが終わった状況のままスタート。

2 シュートが決まれば、ベースラインから。

3 2対1の速攻の形になる。

4 ディフェンスが下がっていても

5 スピードを緩めずパスをつないで攻める。

1 ディフェンスの守り方を見て

2 最後はノーマークの選手が

3 シュートを打つようにする。

上達へのアドバイス 「絶対にミスしない」という緊張感を持つ

パスミスはちょっとした気の緩みから起きる。「練習だから仕方ない」ではなく、常に「絶対にミスしない」という緊張感を持つことが大事。

ドリブル

各種ドリブルスキルを身につける。
抜群のスピードで相手を抜き去り、
小さくてもコンタクトに負けないドリブル力を!

各種のスキルを身につける

ディフェンスがどんな守り方をしてきても対応できるように、各種のスキルを一通り身につけておく。そこからドリブルスキルの上達を目指そう。

身体は小さくてもコンタクトに負けない

各種のスキルを身につけることは第一段階。大きい選手に強いコンタクトをされてもミスしないところまでスキルを高めよう。

ドリブルは最後の武器になる

ボールを前方に運ぶことを考えれば、ドリブルよりもパスの方が速い。ドリブルは最後に鋭く仕掛けて勝負するための武器という考え方を持っておこう。

ドリブル

27 ポケットでボールを保持

手のひらでボールの横から支える

ドリブルに時間的な余白を作り出す

ドリブル中はボールの上半分を触れる。ボールを腰の辺りに引いて、手のひらで真後ろから支える。この位置をポケットという。

上達へのアドバイス

ポケットから自在に動かせる

ポケットで保持していれば、そこから前に押し出してクロスオーバーで仕掛けたり、引いてロールしたりするなど、ドリブルを変化できる。

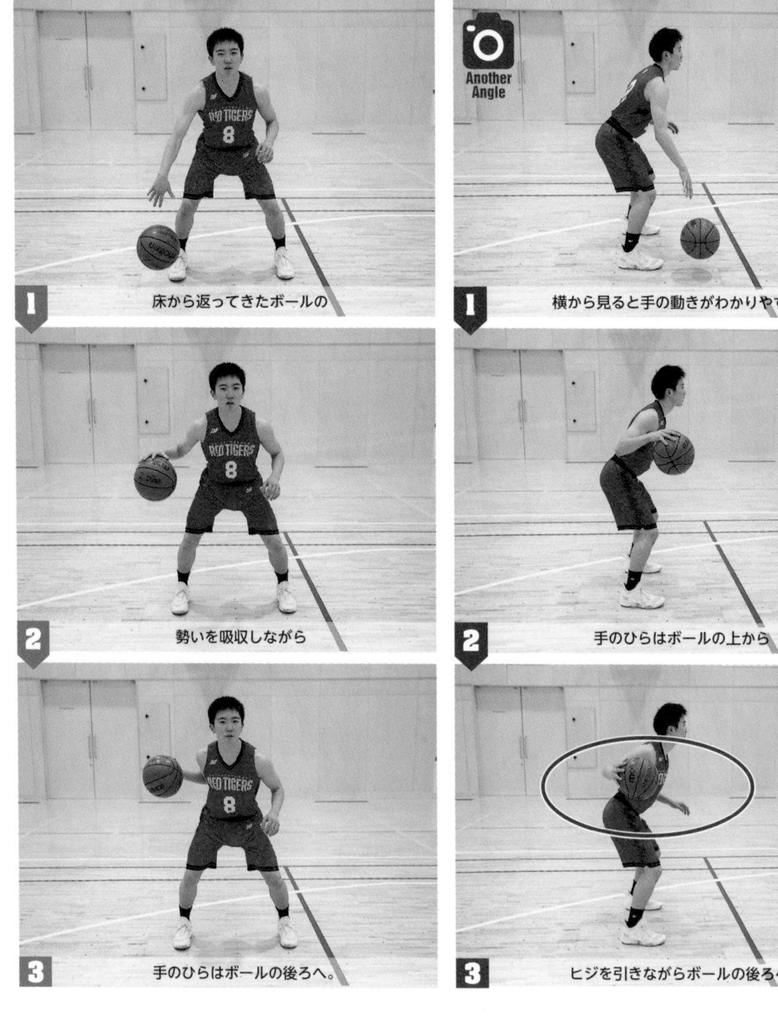

1 床から返ってきたボールの

2 勢いを吸収しながら

3 手のひらはボールの後ろへ。

1 横から見ると手の動きがわかりやすい。

2 手のひらはボールの上から

3 ヒジを引きながらボールの後ろへ。

ドリブル

28 クロスオーバー

仕掛けると見せかけた逆へ鋭く切り返す

オンサイドアタックと見せかけて逆へ

ドリブルをしている方へオンサイドアタックを仕掛けると見せかけて、逆へ鋭く切り返す。仕掛けをリアルに見せて、ディフェンスを誘うことが大事だ。

1 ポケットでボールを保持して

2 1歩踏み出して仕掛けると見せかけ

3 逆へ鋭く切り返す。

4 横から縦へ加速する。

練習編 Let's Try

1 ディフェンスとの間合いを測りながら

2 抜くと見せかけておいてから

3 鋭く切り返して足元でバウンドさせて

4 反応の遅れたディフェンスを抜く

上達へのアドバイス

ボールの動きでも誘う

ボールをポケットから前に押し出すようにすると、よりリアルに見える。手のひらをボールの後ろから横へすばやく動かしてコントロール。

ドリブル

29 クロスジャブ

上体の動きで誘って逆に抜く

体幹を締めて上体が振られないように

フロントチェンジを入れるのをきっかけに、上体と顔で仕掛けるふりをする。このときボールは逆に残しておく。次の瞬間、鋭く逆を抜く。

1 ドリブルしながらタイミングを測る。

2 フロントチェンジを入れて

3 ボールとは逆に顔と上体を向ける。

4 次の瞬間に鋭く切り返し。

1 ディフェンスとの距離を詰めながら

2 フロントチェンジを入れると同時に

3 上体と顔でそちらへ抜くと見せかけ

4 するどく逆へ切り返す。

上達へのアドバイス

身体の動きでひっかける

ディフェンスは本能的に身体や目線の動きに反応する。クロスジャブはボールと身体の動きが逆で、身体の動きへの反応を利用したスキルだ。

ドリブル

30 フロントチェンジ

左右の切り替えの基本スキル

「抜くぞ」と見せかけて逆へ

ドリブルしている手の側へ「抜くぞ」と見せかけておいて、身体の前でのワンドリブルで逆へ切り返す。鋭さとスピードの変化がカギだ。

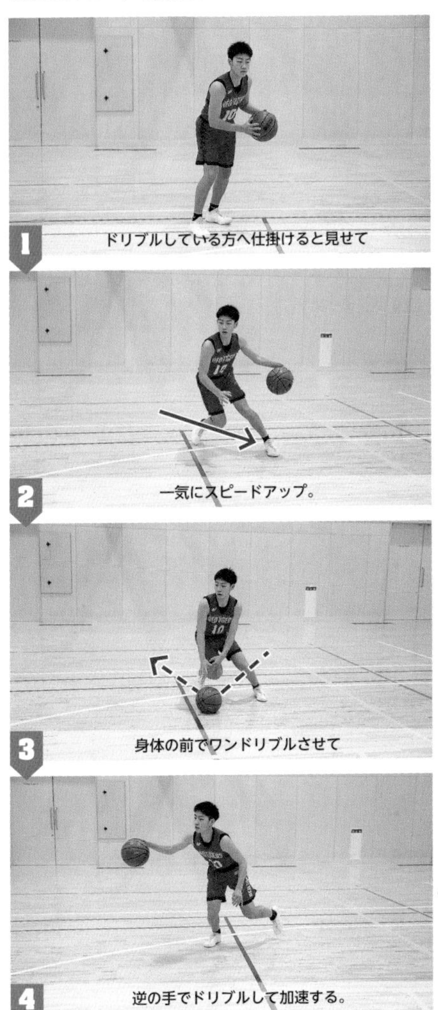

1 ドリブルしている方へ仕掛けると見せて

2 一気にスピードアップ。

3 身体の前でワンドリブルさせて

4 逆の手でドリブルして加速する。

1 ゆっくりとディフェンスを誘うように

2 仕掛けると見せかける。

3 フロントチェンジで逆の手に持ち替えて

4 一気に加速して抜く。

上達へのアドバイス

スチールの危険もある

身体の前でチェンジするだけなので、フロントチェンジから様々なスキルにつなげられる。ボールはディフェンスに近いのでスチールに注意。

ドリブル

31 レッグスルー

攻撃的な姿勢のままチェンジ

顔はボールの動きとは逆を向ける

股下を通してボールを逆に切り返す。足がブロックになるので、ディフェンスにスチールされる心配が少ない。顔はボールの動きと逆にする。

1 顔は右を向けて誘い、

2 次の瞬間にレッグスルー。

3 反対の手で受けて

4 一気に加速する。

1 股下を通して右から左へ。

2 顔で左から抜くと見せかけて

3 もう一度レッグスルーして

4 右へ加速する。

上達へのアドバイス

2度、3度と重ねて誘う

1度のレッグスルーでディフェンスを完全に抜けることは少ない。2度、3度と重ねて、ディフェンスが隙を見せたら一気に加速しよう。

ドリブル

32 バックチェンジ

お尻の下で弾ませてチェンジする

バランスを崩さないように

お尻の下でバウンドさせて、ドリブルサイドを変える。このときお尻に重心が乗るためバランスを崩しやすいので注意する。

1 お尻は落とすが上体は立てておく。

2 腕をお尻にあてるようにして

3 ドリブルサイドを変える。

4 ボールをディフェンスから遠ざけられる。

1 ドリブルで間合いをつめて

2 急激なストップをして

3 お尻の下でバウンドさせる。

4 隙があれば逆を抜ける。

上達へのアドバイス

ドリブルの仕切り直しにも

ドリブルで仕掛けたけど止められたとき、不用意にドリブルサイドを変えるとスチールを狙われる。バックチェンジからリトリートが安全だ。

ドリブル

33 ロール

ドリブルしている手を変えずにターン

手首を曲げてボールを引く

ドリブルしている手は変えずに、すばやくターンする。手首を曲げてボールを引くようにする。スピードに乗ったまま鋭いターンができる。

1 右手でドリブルをしていたら

2 左足を回転の軸にして

3 右足を引いてターンする。

4 足の動きに同調させるように

5 曲げた手首でボールを引いて

6 ドリブルサイドを変える。

7 鋭くターンをすれば

8 攻撃的な姿勢のまま加速できる。

上達へのアドバイス

顔を先行させてターンの先を見る

ターンのときバランスを崩すのは、視界が大きく動くためだ。顔をターンする先に向けて、視界を確保すると安定して回れる。

ディフェンスから遠ざけられる

ロールターンはボールをディフェンスから遠ざけるように移動させる。しかも身体でもボールを守れるので、安全にドリブルサイドを変えられる。

1 ドリブルで左へ仕掛けていき

2 前に出した右足を軸にして

3 鋭くターンする。

4 ターンしている間は

5 ディフェンスとボールの間に

6 身体があるので

7 攻撃的な姿勢のまま

8 安全にドリブルサイドを

9 変えることができる。

練習法

34 ジグザグ❶（コンタクト）

厳しいディフェンスに負けない強さを身につける

ディフェンスは常にボディコンタクトをする

ボディコンタクトをされても、平常通りのドリブルをするための練習方法。ドリブルでゆっくりと進んだら、ディフェンスは身体をぶつけていく。

1 ディフェンスに身体を密接させて

2 ドリブルで数ｍ進んだら止まり

3 フロントチェンジで方向を変える。

4 再びゆっくりとドリブルを開始し

5 ボディコンタクトしたまま進む。

6 ボールには手を出さず身体の接触だけ。

7 ボディコンタクトを嫌がって

8 ミスをすることを防ぐ。

上達へのアドバイス

フェイスアップを心掛ける

ボディコンタクトされると、ハンドリングが心配になり目線が下がりがち。どんな状況になってもフェイスアップを心掛けること。

練習法

35 ジグザグ❷（リトリート）

ディフェンスとの間合いを取る

一度下がって隙を見つける

コンタクトしながらドリブルし、リトリートしてから方向を変える。ディフェンスとの間合いを取ってからフロントチェンジをする。

1 同じようにボディコンタクトして

2 ドリブルで数ｍ進んだら

3 リトリートしてフロントチェンジする。

4 リトリートすると隙ができることもある

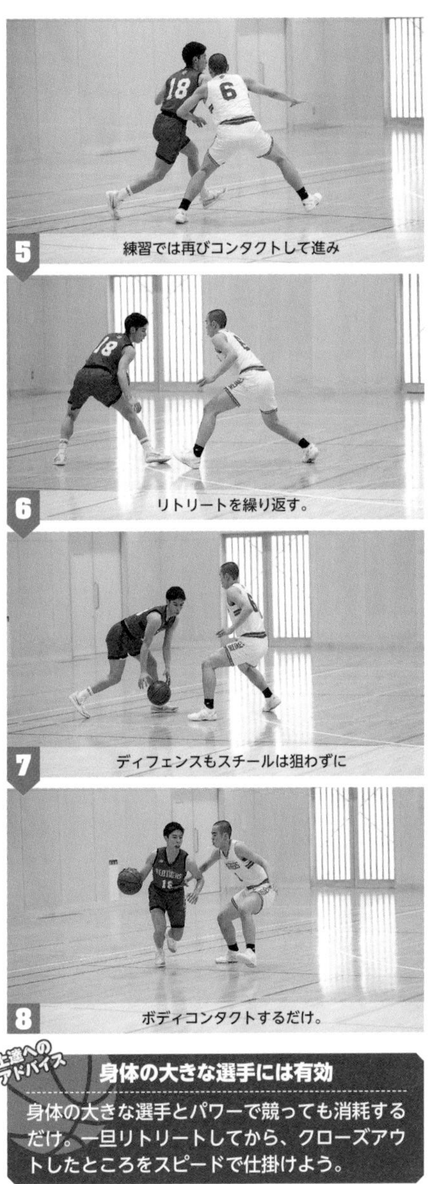

5 練習では再びコンタクトして進み

6 リトリートを繰り返す。

7 ディフェンスもスチールは狙わずに

8 ボディコンタクトするだけ。

上達へのアドバイス 身体の大きな選手には有効

身体の大きな選手とパワーで競っても消耗するだけ。一旦リトリートしてから、クローズアウトしたところをスピードで仕掛けよう。

練習法

36 ジグザグ③（ピボット）

ドリブルが止められても慌てず打開する

やむを得ずドリブルが止まったとき

ドリブルが止められたとき、慌ててパスをしてインターセプトされるのは避けなければならない。ピボットで味方のサポートを探す。

1 同じようにドリブルで前進して

2 数ｍ進んだら止まり

3 身体をぶつける。

4 ターンをして再びドリブルして

5 身体をぶつけてあえてドリブルを止める。

6 ディフェンスは厳しくチェックする。

7 ボールを守りながら

8 ピボットを数回行う。

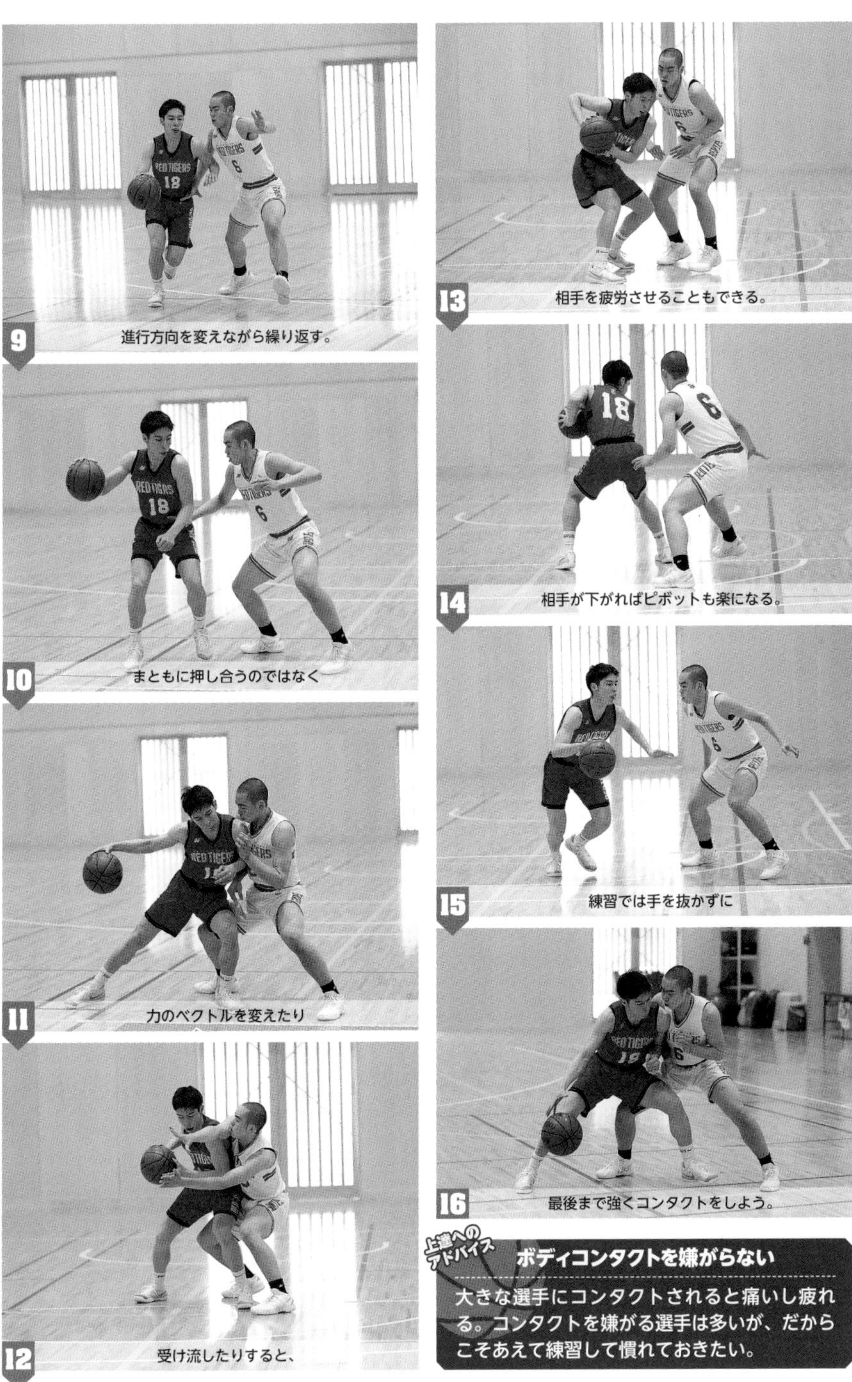

9 進行方向を変えながら繰り返す。

10 まともに押し合うのではなく

11 力のベクトルを変えたり

12 受け流したりすると、

13 相手を疲労させることもできる。

14 相手が下がればピボットも楽になる。

15 練習では手を抜かずに

16 最後まで強くコンタクトをしよう。

上達へのアドバイス

ボディコンタクトを嫌がらない

大きな選手にコンタクトされると痛いし疲れる。コンタクトを嫌がる選手は多いが、だからこそあえて練習して慣れておきたい。

シュート

小さな選手ほど得点力が必要だ。成功率を高め、コンタクトに負けないスキルとメンタルを磨く。

小さな選手はアウトサイドシュートを

アウトサイドの精度を高める

小さな選手がインサイドでのシュートを抑えられたら勝負にならない。アウトサイドシュートの精度を高めることが必要だ。

コンタクトの中でも決める技術を

試合中にノーマークでなんのプレッシャーもかからない状況でシュートを打てることはない。最終的には、大きな選手がコンタクトしている中で決められるところまでシュート技術を高めたい。

シュート技術は「連続何本か」で測る

シュート技術を測るのは確率だ。50 本シュートを打っても確率 4 割なら 40 点だが、40 本しか打たなくても 6 割なら 48 点になる。確率の指標となるのが、連続成功本数。シュート練習ではこの「連続何本」にこだわって取り組もう。

強いメンタルを養う

最終的にはメンタルの強い選手が、大事な場面でシュートを決められる選手だ。シュートを落としたとき、失敗したことを反省することはもちろん大事だが、それは試合中ではない。顔には出さず、動揺も見せない。メンタルは目に見えにくいだけに、鍛えるのは難しいが、強いメンタルを持つという心構えだけは忘れてはいけない。

シュート

37 レイアップシュート

ボールを上げてカットされるのを防ぐ

2歩ステップして踏み切る

レイアップシュートは成功率が高く、試合中に積極的に狙いたいシュート方法だ。リングへ向かってドリブルして、2歩ステップして踏み切る。

1 ドリブルを開始したら

2 顔を上げてリングを確認。

3 ボールを両手で持ってステップ。

4 ボールを肩まで持ち上げて

5 ディフェンスにカットされるのを防ぐ。

6 2歩目で踏み切って

7 斜めではなく上へジャンプする。

8 反対の腕も上げてブロック。

9 腕を伸ばして高い位置で離す。

10 バックボードを使って確実に決める。

上達へのアドバイス

ディフェンスのカットを防ぐ

ステップ中にボールを下げると、ディフェンスにカットされる危険がある。ボールを肩の辺りまで上げて、カットされるのを防ぐようにする。

BAD ボールを下げると無防備になる

ステップ中にボールを下げると、ディフェンスにとってカットしやすい格好の位置にボールが来る。意識しないとクセになるので注意が必要だ。

1 ドリブルでリングへ向かう

2 ボールを両手で持つ。

3 そのままだとボールは無防備の状態。

4 踏み切りるときに上げるのでは遅い。

シュート

38 ワンステップレイアップ

ブロックショットのタイミングをずらす

シュート前のステップを 1 歩にする

レイアップシュートは、シュートのタイミングがはっきりしていてブロックショットを狙われやすい。1 ステップに減らしてタイミングをずらす。

1 ドリブルを開始して

2 顔を上げてリングへ向かう。

3 試合中はドリブル中も

4 コンタクトがあることを

5 意識しながら練習することが大事。

6 1 ステップしかしないので若干歩幅を大きく

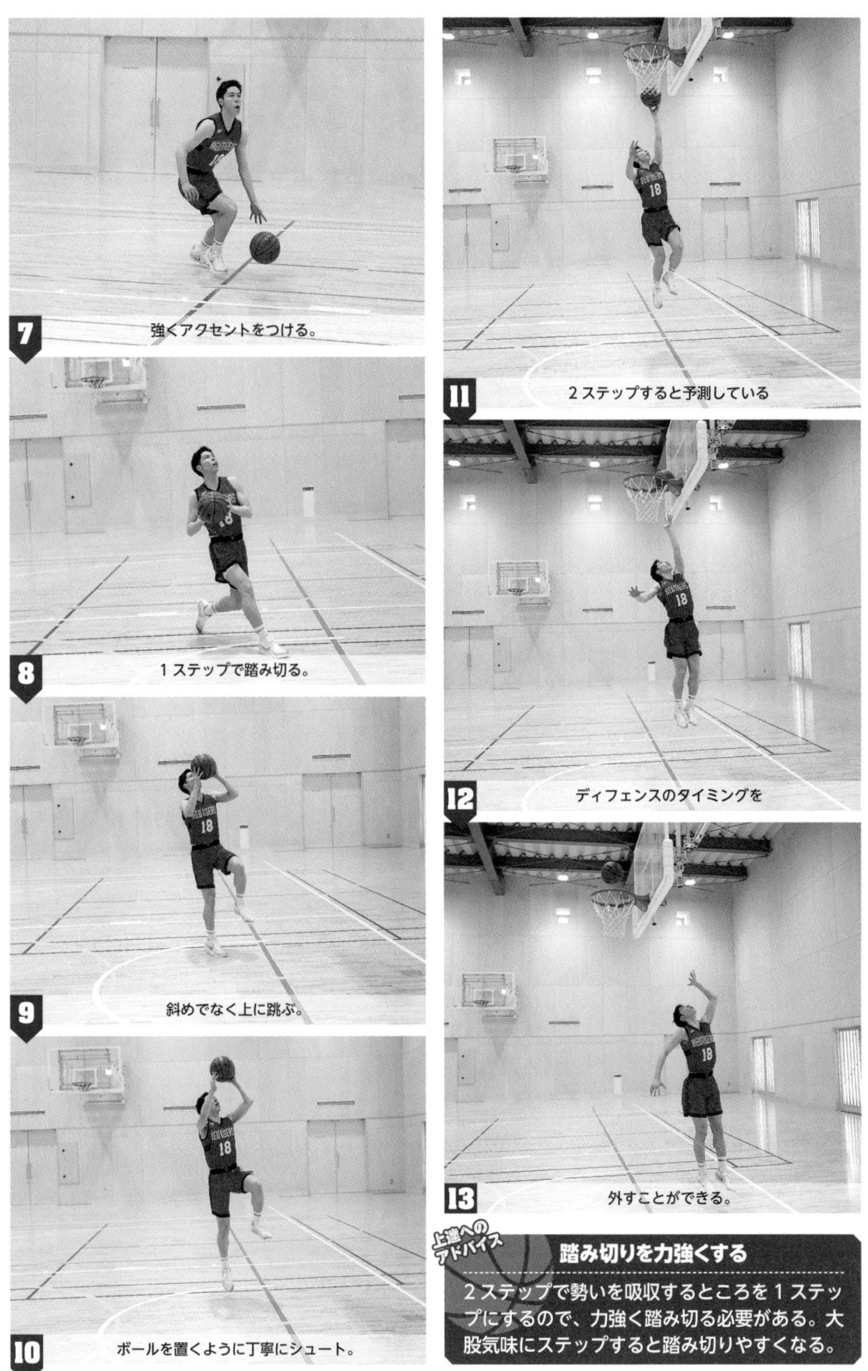

7 強くアクセントをつける。

8 1ステップで踏み切る。

9 斜めでなく上に跳ぶ。

10 ボールを置くように丁寧にシュート。

11 2ステップすると予測している

12 ディフェンスのタイミングを

13 外すことができる。

上達へのアドバイス

踏み切りを力強くする

2ステップで勢いを吸収するところを1ステップにするので、力強く踏み切る必要がある。大股気味にステップすると踏み切りやすくなる。

シュート

39 レイバックシュート

ゴール下を通り抜けて反対からシュート

ブロックショットをかわす

これも大きなディフェンスのブロックショットをかわすシュート方法だ。レイアップシュートと同じ助走で入って、ゴールの反対からシュートする。

1 ドリブルを開始したら

2 リングを見て距離を測り

3 さらにスピードに乗って進む。

4 レイアップとは踏み切り足が

5 逆になることに注意。

6 右手でシュートするため

7 左足で踏み切る。

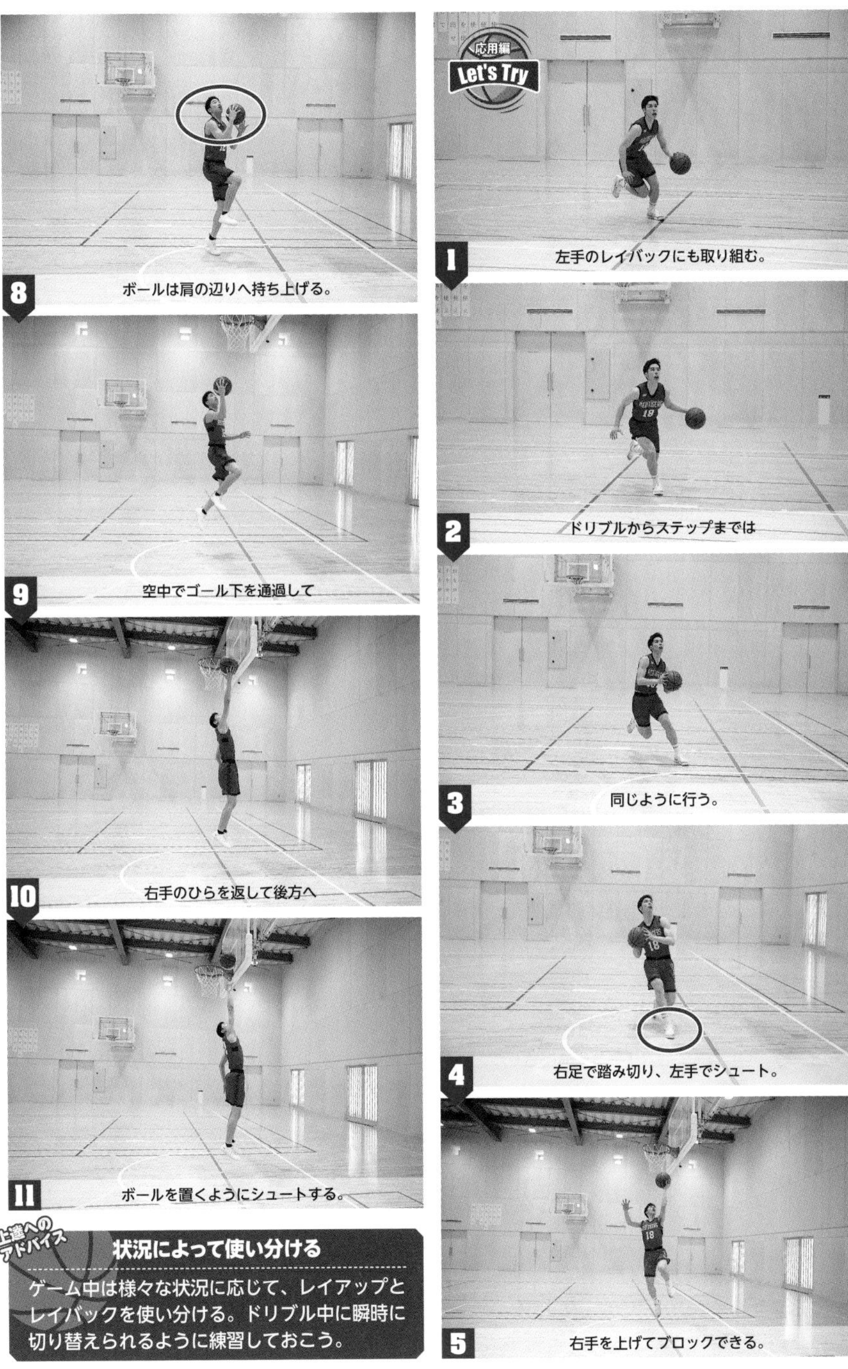

1 左手のレイバックにも取り組む。

2 ドリブルからステップまでは

3 同じように行う。

4 右足で踏み切り、左手でシュート。

5 右手を上げてブロックできる。

8 ボールは肩の辺りへ持ち上げる。

9 空中でゴール下を通過して

10 右手のひらを返して後方へ

11 ボールを置くようにシュートする。

上達へのアドバイス

状況によって使い分ける

ゲーム中は様々な状況に応じて、レイアップとレイバックを使い分ける。ドリブル中に瞬時に切り替えられるように練習しておこう。

シュート

40 フローター

大きな選手のブロックをかわす

ふわりとした山なりの軌道で

大きなディフェンスが目の前にいる状況でジャンプショットを打つと、ブロックショットをされる危険がある。そこでふわりと山なりの軌道でかわす。

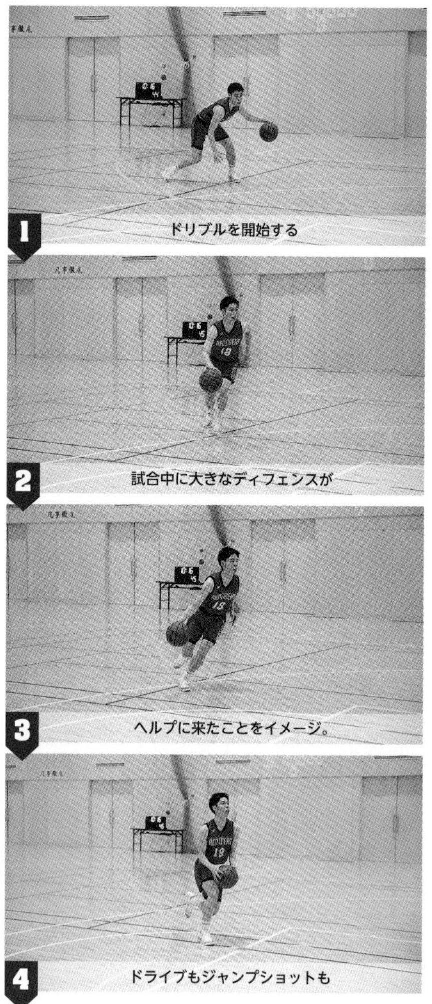

1 ドリブルを開始する

2 試合中に大きなディフェンスが

3 ヘルプに来たことをイメージ。

4 ドライブもジャンプショットも

5 難しいと判断して

6 2ステップでスピードを吸収。

7 できるだけ上に跳び、

8 高い打点でフローターショート。

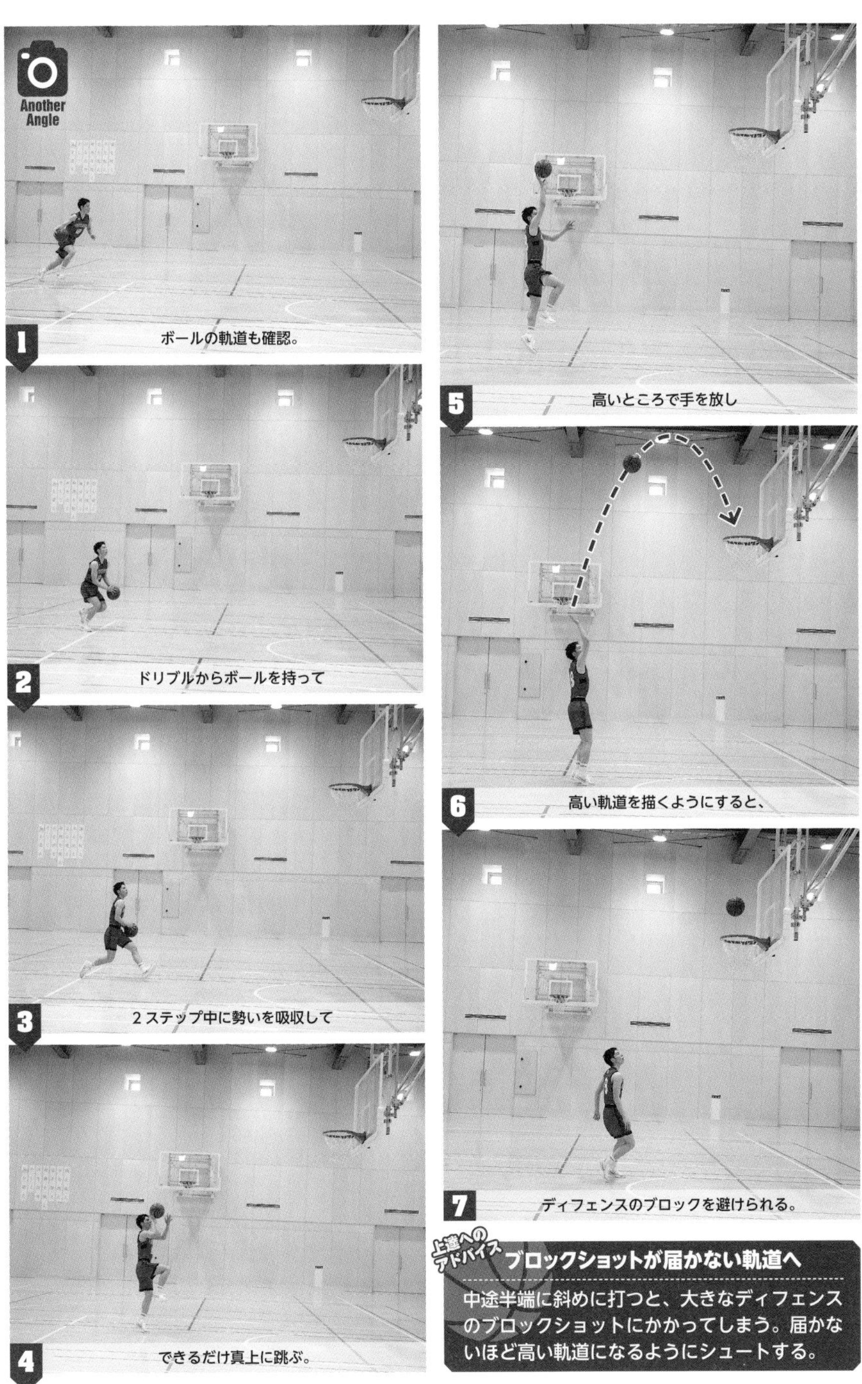

1 ボールの軌道も確認。

2 ドリブルからボールを持って

3 2ステップ中に勢いを吸収して

4 できるだけ真上に跳ぶ。

5 高いところで手を放し

6 高い軌道を描くようにすると、

7 ディフェンスのブロックを避けられる。

上達へのアドバイス

ブロックショットが届かない軌道へ

中途半端に斜めに打つと、大きなディフェンスのブロックショットにかかってしまう。届かないほど高い軌道になるようにシュートする。

シュート

41 ステップバック

後ろにステップしてシュートを打つ

下がることでスペースができる

ゴールへ向かってドライブを仕掛けて、ディフェンスにコースに入られたときに後ろにワンステップ。スペースを作ってシュートを打つ。

1 ドリブルでゴールへ向かう。

2 ヘルプが来るなど

3 このままドライブするのが困難。

4 コンタクトされてもバランスを保って

5 ゴールに近い方の足で跳ぶ。

6 反対の足で着地して

7 跳んだ方の足を揃えて

8 ジャンプショットを打つ。

1 ドリブルしてゴールへ向かう。

2 ディフェンスのコンタクトがあるが

3 体制を崩さないようにステップバック。

4 下がりながら、足と身体の向きを整えて

5 着地したときにはシュート体勢になる。

6 足を揃えると同時に跳べるような

7 スピードを追求しよう。

上達へのアドバイス

ステップバックからすばやく打つ

ステップバックしてスペースを作っても、そこから時間がかかるとクローズアウトされる。下がりながら体勢を整えて、すばやくシュート。

シュート

42 ステップイン

ジャンプストップから踏み込んでシュート

シュートフェイクからステップイン

ドライブしてシュートエリアでジャンプストップ。シュートフェイクを見せてから、さらに１歩ステップインしてシュートを打つ。

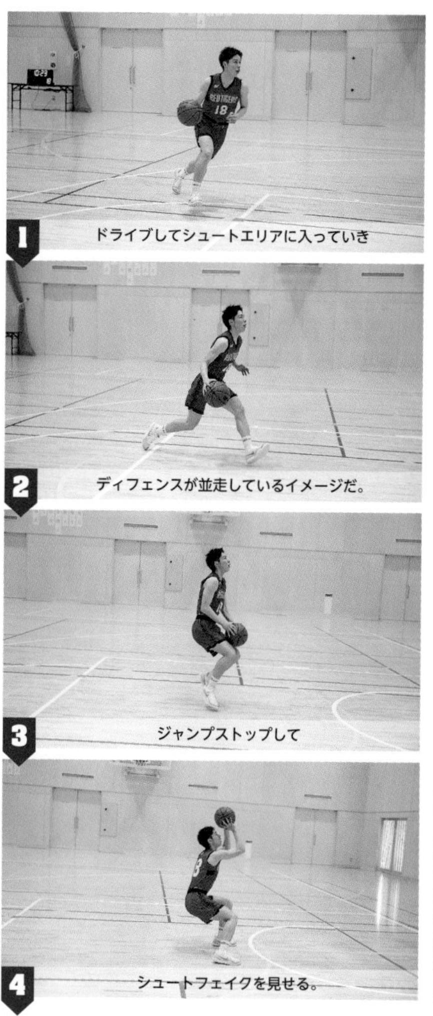

1 ドライブしてシュートエリアに入っていき

2 ディフェンスが並走しているイメージだ。

3 ジャンプストップして

4 シュートフェイクを見せる。

5 オーバーディフェンスして来たら

6 左足を軸足にして

7 右足でステップインして

8 ディフェンスを背にしてシュート。

ディフェンスがシュートブロック

同じようにドライブからシュートフェイクをしたとき、ブロックしようとして腰が高くなったらエンドライン側へステップインができる。

1 スピードに乗ってドライブするが

2 このままシュートに行くと

3 ブロックショットされそうなとき、

4 ジャンプストップから

5 シュートフェイクを入れる。

6 ブロックショットしようとして

7 ディフェンスの腰が浮いたら

8 エンドライン側へステップインして

9 シュートを打つ。

上達へのアドバイス

ジャンプストップでどちらにも

ストライドストップだとピボットフットが決まるためステップインが限定される。ジャンプストップで、どちらへもステップできるように。

シュート

43 リバースステップイン

ディフェンスを背にして後ろへターンする

ディフェンスのコンタクトをかわす

シュートエリアに入ってジャンプストップ。ディフェンスが近くてコンタクトされているとき、ディフェンスを背にしてリバースターンする。

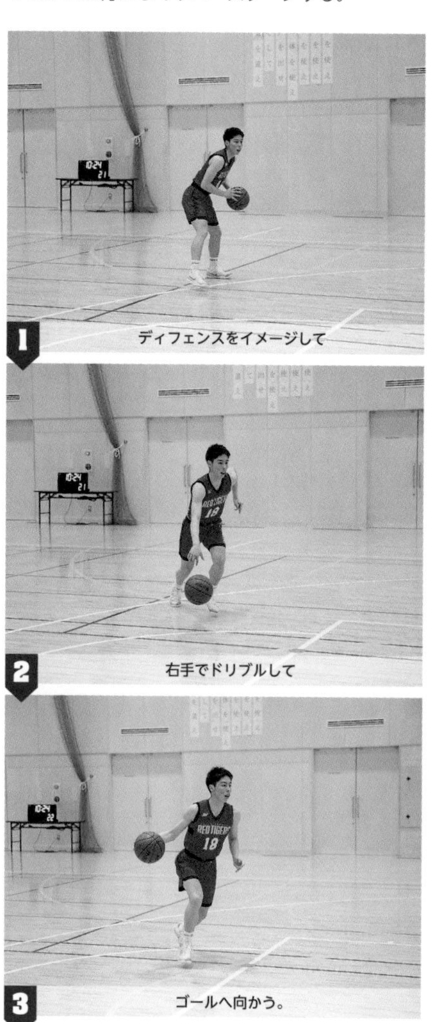

1 ディフェンスをイメージして

2 右手でドリブルして

3 ゴールへ向かう。

4 左から厳しくコンタクトしてくるため

5 このままシュートに行くのは

6 難しいと判断して

7 ボールを両手で保持して

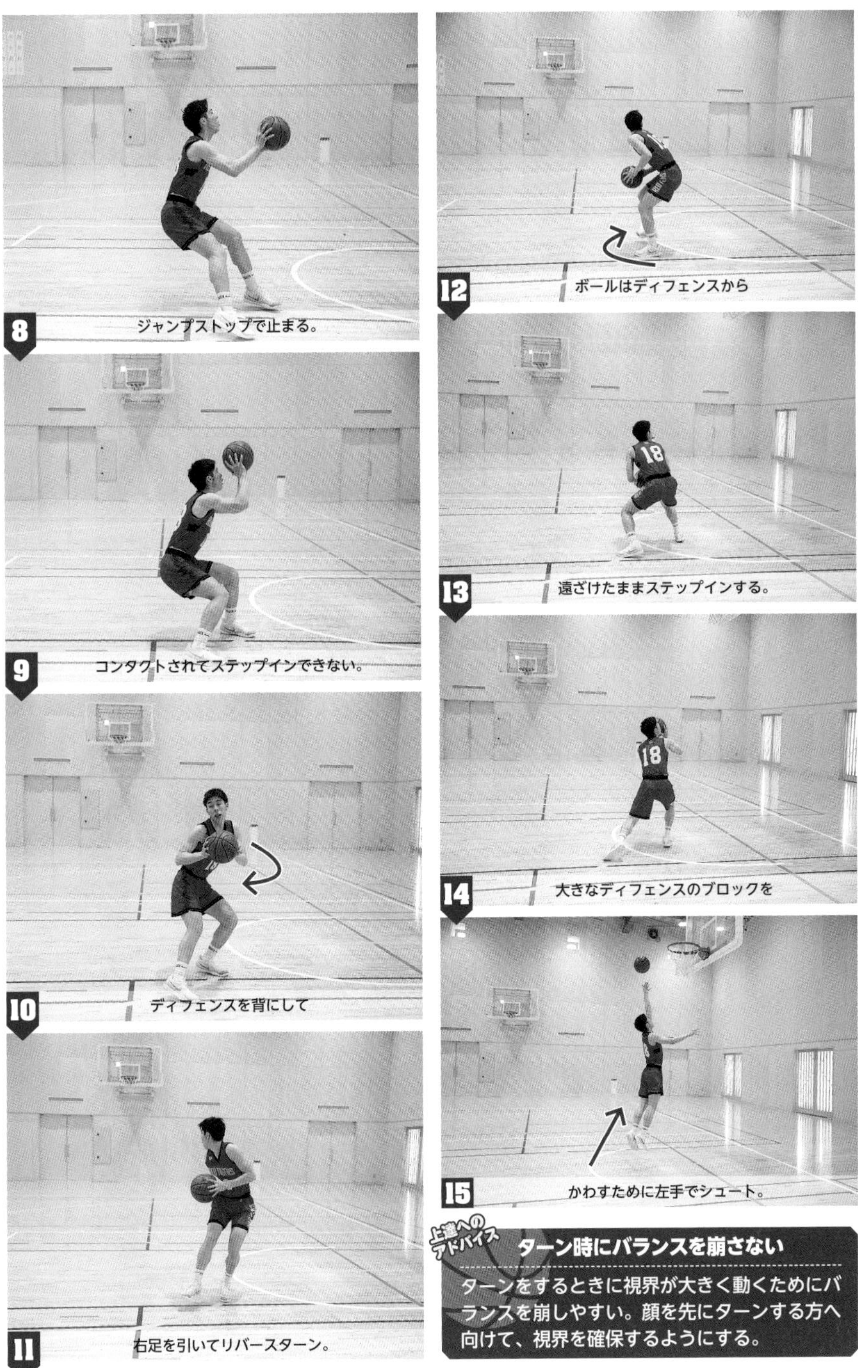

8 ジャンプストップで止まる。

9 コンタクトされてステップインできない。

10 ディフェンスを背にして

11 右足を引いてリバースターン。

12 ボールはディフェンスから

13 遠ざけたままステップインする。

14 大きなディフェンスのブロックを

15 かわすために左手でシュート。

上達へのアドバイス

ターン時にバランスを崩さない

ターンをするときに視界が大きく動くためにバランスを崩しやすい。顔を先にターンする方へ向けて、視界を確保するようにする。

シュート

44 ユーロステップ

正面に立つディフェンスをかわしてシュート

左〜右、右〜左へとジグザグにステップ

ペイントエリアにドライブしたとき、正面に立つディフェンスをかわしてシュートを打つテクニックだ。右へ左へと大きな歩幅で踏み込んでいく。

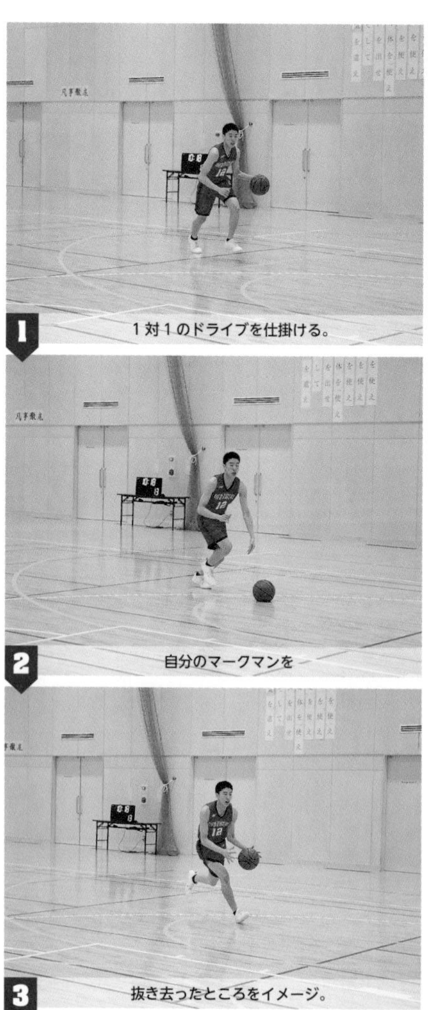

1 1対1のドライブを仕掛ける。

2 自分のマークマンを

3 抜き去ったところをイメージ。

4 ペイントエリアに入ると

5 ヘルプが正面でドライブを止めようとする。

6 空中でボールを両手で保持。

7 ボールを左へ出し

8 左足で１歩目のステップ。

9 このままレイアップをするとブロックされるため、

10 ２ステップ目で右へ大きく跳んで

11 正面にいるディフェンスをかわす。

12 ディフェンスは動いてぶつかれば

13 ファールになるため動けない。

上達へのアドバイス

トラベリングに注意する

ボールを保持するタイミングが早いと、トラベリングになる。床から弾んできたボールを空中でキャッチして、次のステップが１歩目になるようにする。

シュート

45 スピンターン

ディフェンスに背を向けてすばやく回る

大きくターンしてゴールに近づく

身体を回転させながらのステップなので、自分の背中側に跳ぶようなイメージだ。このジャンプを大きくして、一気にゴールに近づけるようにする。

1 ドリブルをしてゴールへ向かう。

2 ディフェンスが自分の右から

3 正面のコースに入ってくる。

4 ディフェンスに身体を当てて

5 床から弾んでくるボールを

6 キャッチしながらスピン開始。

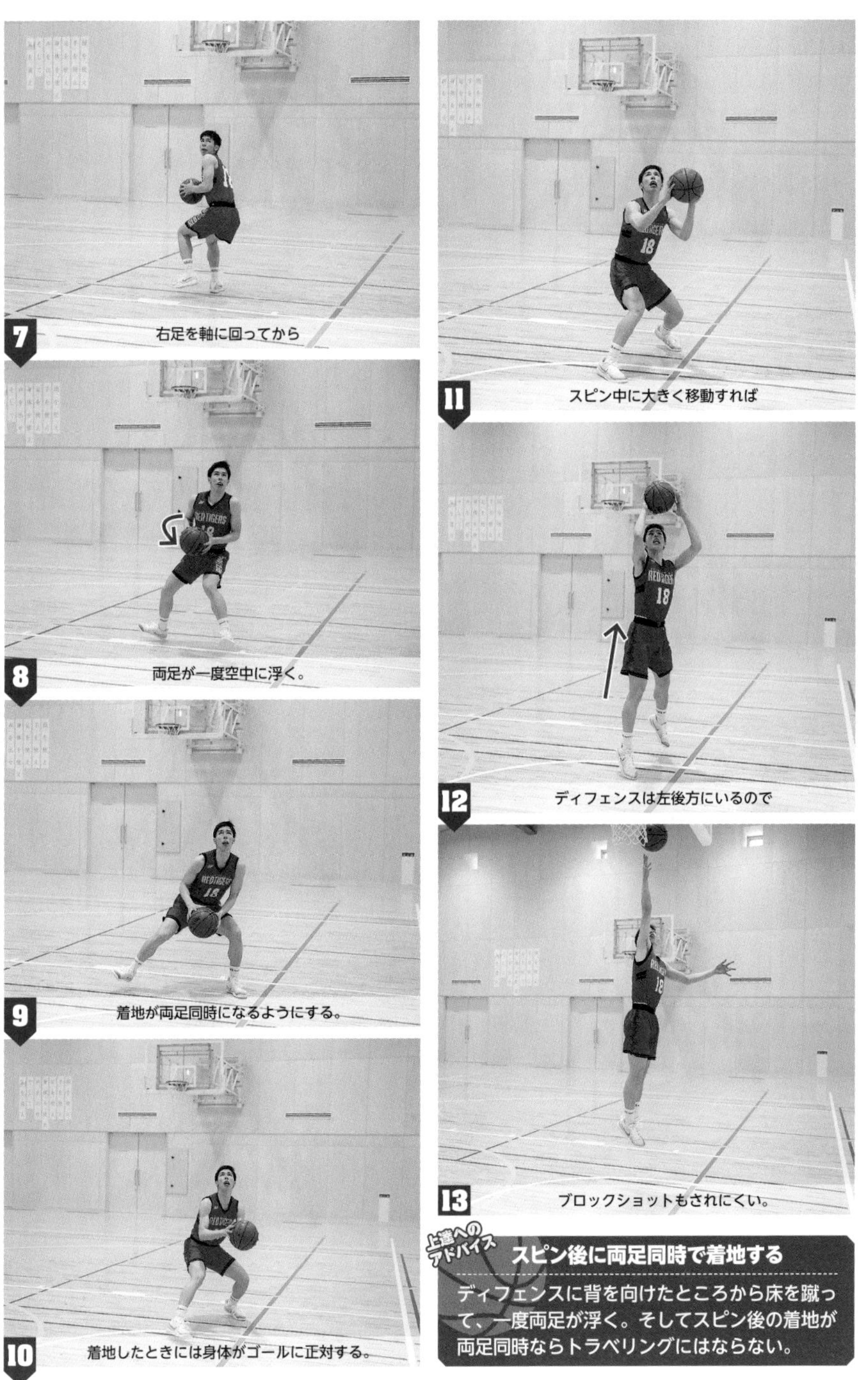

7 右足を軸に回ってから

8 両足が一度空中に浮く。

9 着地が両足同時になるようにする。

10 着地したときには身体がゴールに正対する。

11 スピン中に大きく移動すれば

12 ディフェンスは左後方にいるので

13 ブロックショットもされにくい。

上達へのアドバイス

スピン後に両足同時で着地する

ディフェンスに背を向けたところから床を蹴って、一度両足が浮く。そしてスピン後の着地が両足同時ならトラベリングにはならない。

シュート

46 ギャロップステップ

ボールをつかんだまま大きく飛び込む

トラベリングに注意する

床から上がってくるボールを両手で保持してからを1歩目として、大きく前方に飛び込む。着地が両足同時ならトラベリングにならない。

1 ドライブで1対1を仕掛けて

2 自分のマークマンを抜く。

3 ゴール下のディフェンスが

4 密集したエリアへ入っていく。

5 床から返ってきたボールを

6 空中でキャッチして

7 左足が１歩目になる。

8 ボールをがっちりとつかんで

9 ゴールに正対して

10 両足同時で着地する。

11 あとはゴール下で

12 両足ジャンプして

13 シュートを決めるだけ。

上達へのアドバイス

ディフェンスの間を割って飛び込む

ボールを大きく振りながら飛び込むので、カットされる心配は少ない。ディフェンスが密集するところを割って飛び込むイメージで練習だ。

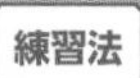

47 カリーシューティング

シュートスキルとメンタルを養う練習法

5 か所からの 3P シューティング

両コーナーと 45 度、そしてトップの合計 5 か所を移動しながら 3P シュートを行う。1 周目は 3 本連続で成功させたら次のところへ移動。2 周目は 2 本連続させてから移動。そして 3 週目は 1 本必ず成功というルール。つまり 3 周目は 5 か所から 5 本連続で成功させなければならない。

練習編 Let's Try

1 1 周目は 3 本連続なので、ミスしたときの修正力が必要になる

2 場所を移動してからの 1 本目も大事にする

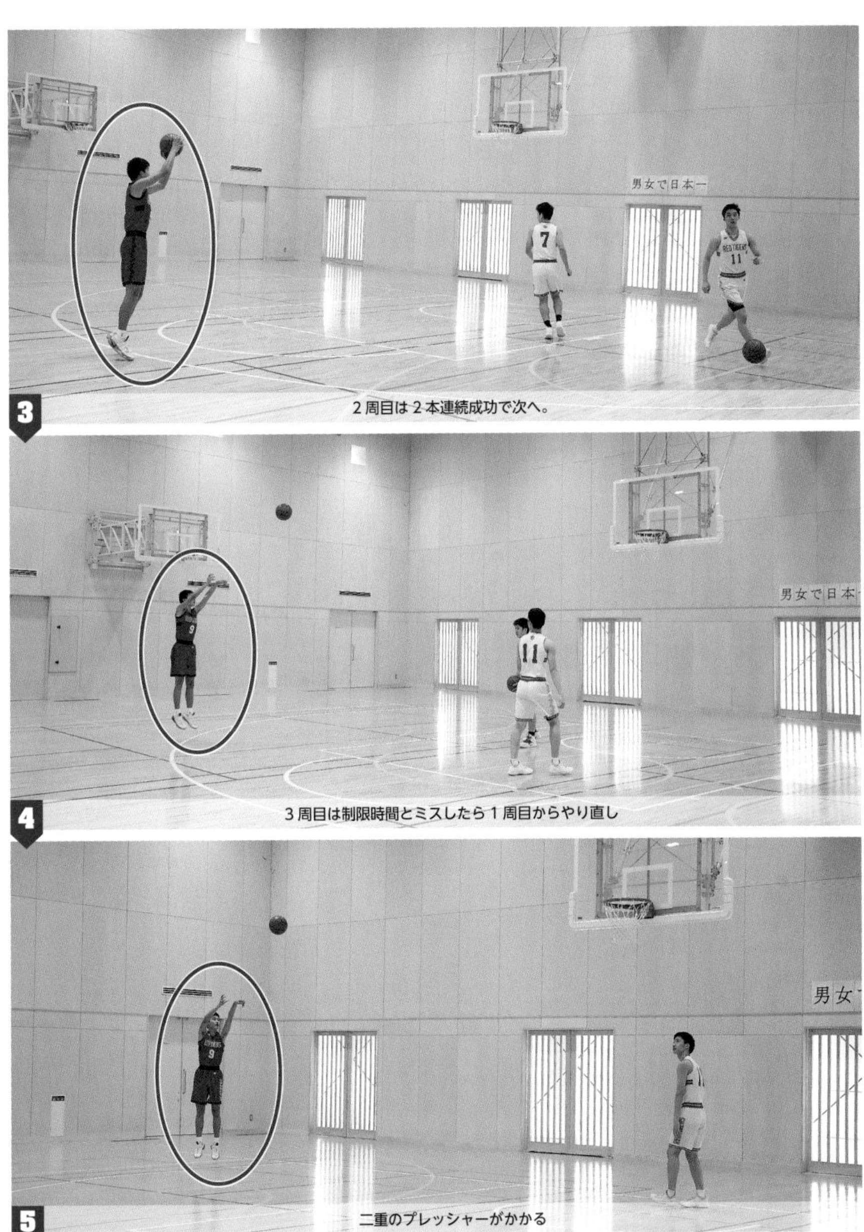

3 2 周目は 2 本連続成功で次へ。

4 3 周目は制限時間とミスしたら 1 周目からやり直し

5 二重のプレッシャーがかかる

上達へのアドバイス

時間制限などルールを設定

目標は 3 分 30 秒以内に 3 周達成。成功するまで練習が終わらないというルールを設けることでメンタルも養う。まずは制限時間 4 分から始めてみよう。

リバウンド

相手のシュートチャンスを潰し、ゲームを作る
小さい選手は必須テクニック
自分より大きい選手からリバウンドを奪う

小さな選手がリバウンドに参加する

小さな選手には、小さな選手がマッチアップする。しかし、相手チームの中でもリバウンド練習はしていない可能性が高い。だからこそ小さな選手が練習してリバウンドに参加することに意味がある。

有利な状況を作ってシュートをする

大きな選手をアウトサイドへ引き出してシュート。大きな選手はペイントエリアでのリバウンドは得意でも、アウトサイドのボックスアウトは練習していない可能性が高い。自分たちに有利な状況を作っておけば、リバウンドを奪うチャンスができる。

高さで勝てないなら下で取る

単純に高さ勝負なら大きな選手に勝てない。それなら相手にリバウンドを取らせてから、それを下で狙うのも有効だ。また小さな選手はアウトサイドから助走をつけて飛び込んで、優位な体勢でリバウンドに参加することも考えよう。

48 チップ

相手が着地した瞬間を狙う

下からスナップを利かせて弾いて奪う

大きな選手を相手に、まともにジャンプして張り合っても勝てない。そこで自分は跳ばずに、相手に簡単にリバウンドを取らせてしまう。それを下から弾いて奪ってしまおう。狙うのは着地した瞬間だ。

POINT!

下から手前にスナップを利かせる

1 アウトサイドからシュートを打つ。

2 リバウンドを相手に取らせる。

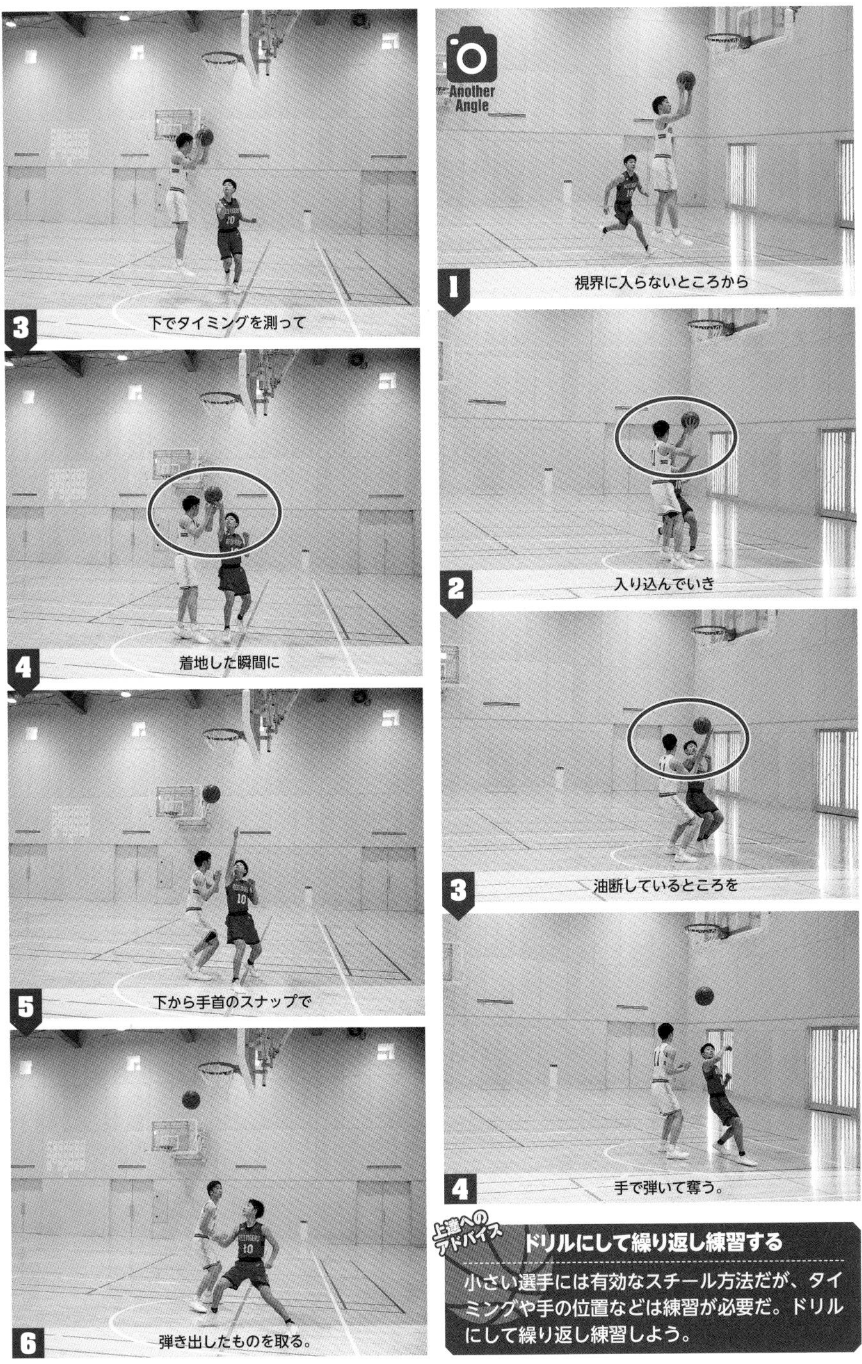

3 下でタイミングを測って

4 着地した瞬間に

5 下から手首のスナップで

6 弾き出したものを取る。

1 視界に入らないところから

2 入り込んでいき

3 油断しているところを

4 手で弾いて奪う。

上達へのアドバイス

ドリルにして繰り返し練習する

小さい選手には有効なスチール方法だが、タイミングや手の位置などは練習が必要だ。ドリルにして繰り返し練習しよう。

リバウンド

49 スナップ

ボールを下ろしたところを狙う

手首のスナップを利かせて叩く

リバウンドしたボールを下ろすクセがある選手には、上からスナップを利かせて叩く方法が有効だ。狙いを定めて手を出して、正確にボールを叩き落とす。リバウンドを取れたことで油断している瞬間を狙う。

POINT!

手首のスナップで
叩き落とす

1 シュートを打ったのを見て

2 ゴール下へ移動する。

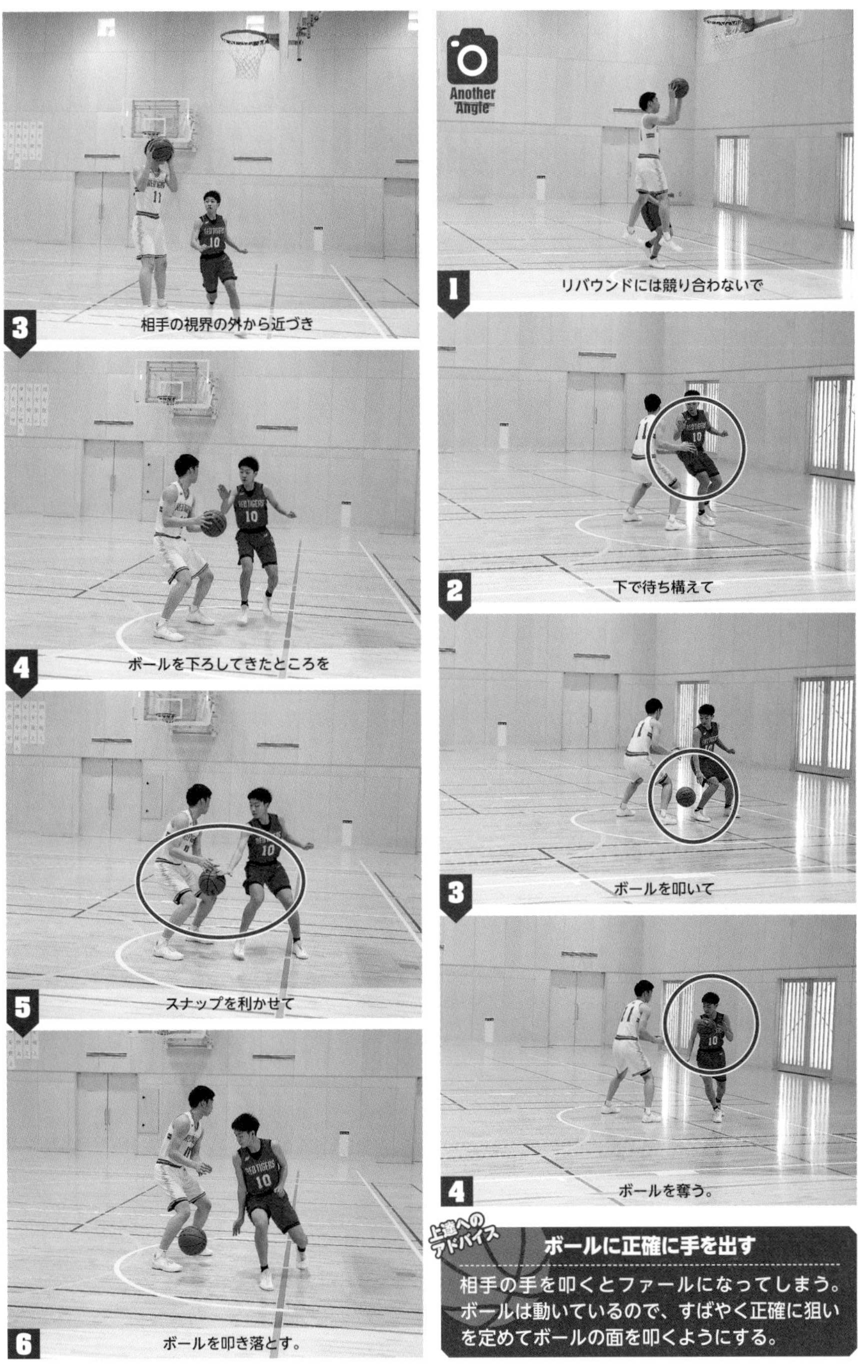

3 相手の視界の外から近づき

4 ボールを下ろしてきたところを

5 スナップを利かせて

6 ボールを叩き落とす。

1 リバウンドには競り合わないで

2 下で待ち構えて

3 ボールを叩いて

4 ボールを奪う。

上達へのアドバイス

ボールに正確に手を出す

相手の手を叩くとファールになってしまう。ボールは動いているので、すばやく正確に狙いを定めてボールの面を叩くようにする。

リバウンド

50 ボディチェック

マークマンを見つけて身体をぶつける

大きな選手に自由に移動させない

リバウンドを相手に取られないためには、自分のマークマンにインサイドに入らせないことが第一。自由に移動されると、飛び込まれてしまうので、まずは相手を見つけて、身体をぶつけるのがボディチェックだ。

1 シュートされたらマークマンを見つけ

2 相手が移動するコースの正面に入って

3 両腕を使って動きを止める。

4 リバウンドに有利なポジションを死守する。

半身で有利なポジションをキープ

片腕と身体を使って半身で止めることもできる。マークマンを視界の端で見つつ、ボールを目で追う。これでも有利なポジションをキープできる。

1 シュートされたら、マークマンを見つけて
2 半身になって片腕で止める。

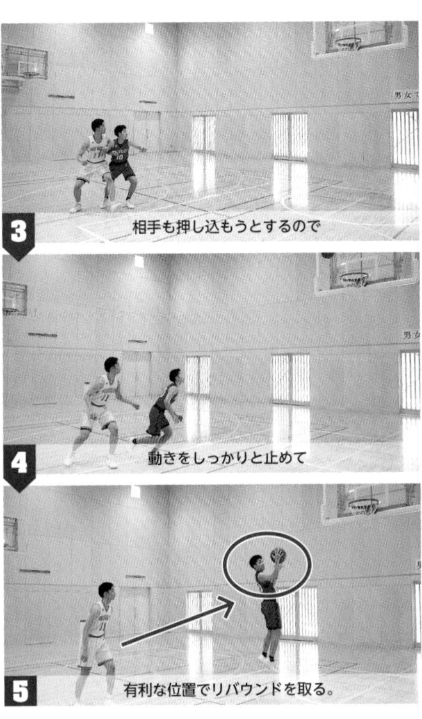
3 相手も押し込もうとするので
4 動きをしっかりと止めて
5 有利な位置でリバウンドを取る。

BAD シュートされたボールを目で追わない

シュートされたボールを目で追うと、マークマンを見失ってしまう。ボールはゴールに向かっているのは確かなので、見るのは落ちてくる直前でいい。

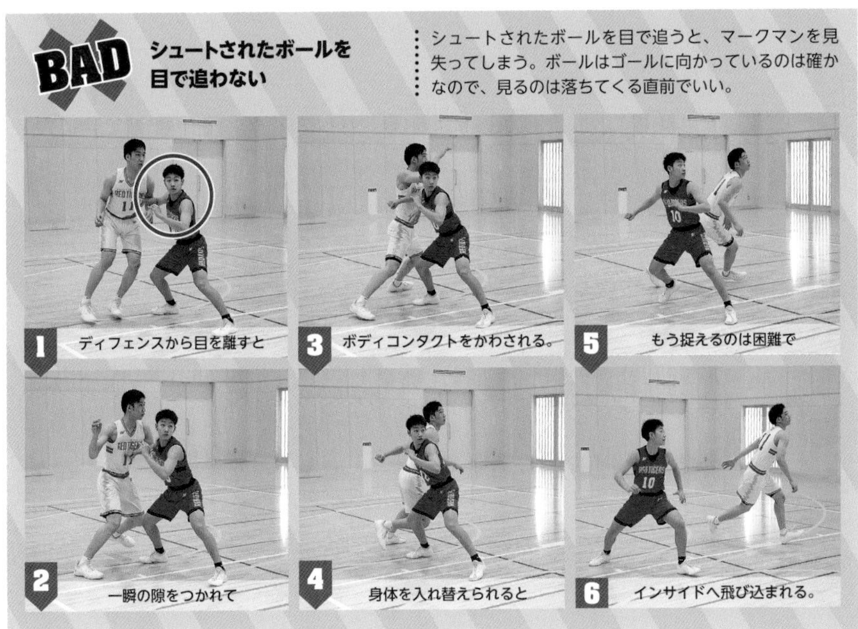
1 ディフェンスから目を離すと
2 一瞬の隙をつかれて
3 ボディコンタクトをかわされる。
4 身体を入れ替えられると
5 もう捉えるのは困難で
6 インサイドへ飛び込まれる。

リバウンド

51 ボックスアウト

マークマンをリバウンドに入らせない

背中で相手の動きを感じる

ボディチェックで相手の動きを止めたら、その動きを腕で感じながらターンしてボールを見つける。相手を背中で押さえることをボックスアウトという。マークマンの動きを背中で感じ、インサイドに入れない。

POINT!

両ヒザを曲げて
背中で止める

1 まずマークマンを見つけ

2 ボディチェックして動きを止める。

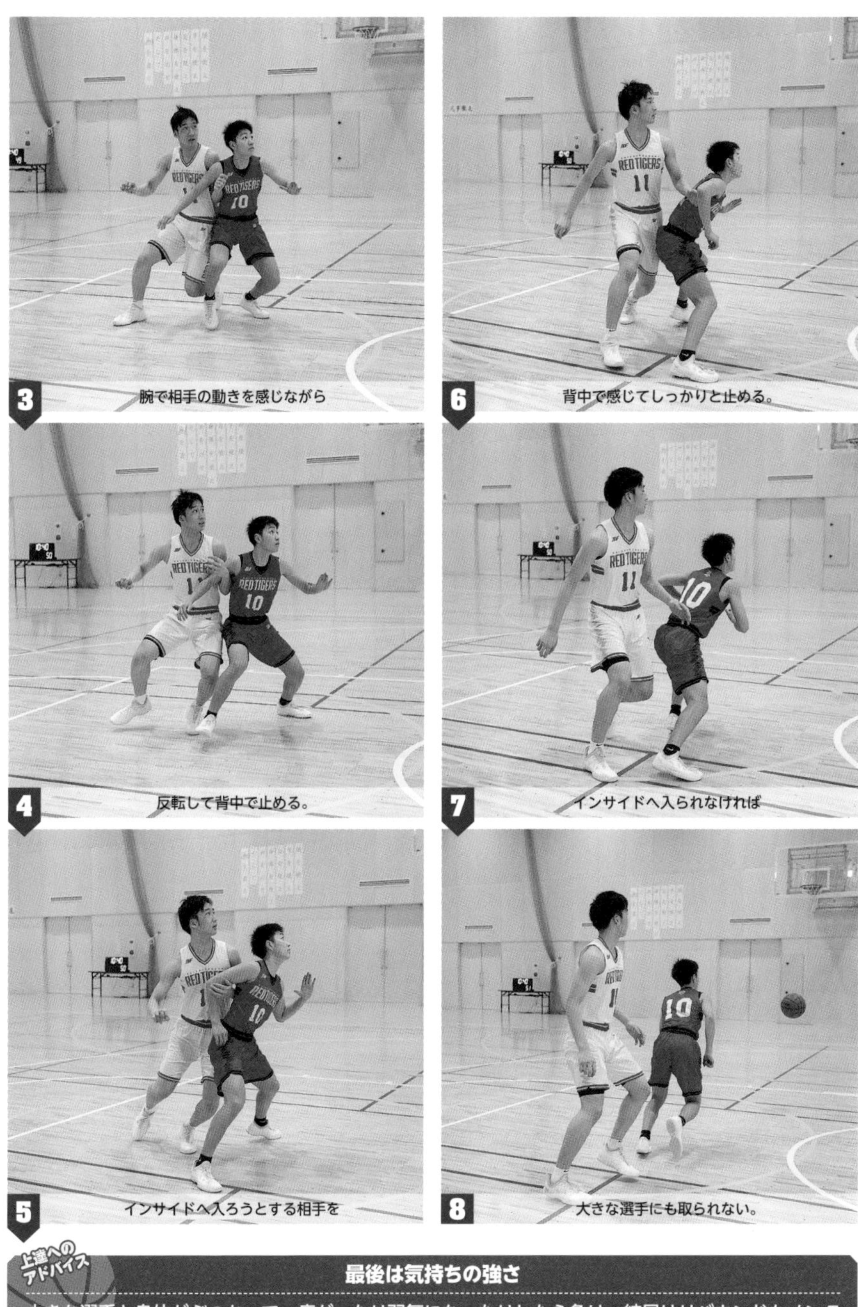

3 腕で相手の動きを感じながら

4 反転して背中で止める。

5 インサイドへ入ろうとする相手を

6 背中で感じてしっかりと止める。

7 インサイドへ入られなければ

8 大きな選手にも取られない。

上達へのアドバイス

最後は気持ちの強さ

大きな選手と身体がぶつかって、痛がったり弱気になったりしたら負け。結局はリバウンドもメンタルが強くなければ上達しない。特にディフェンスリバウンドは絶対に取らせないという気持ちが大事。

52 オフェンスリバウンドの考え方

戦術も含めてオフェンスリバウンドを考える

センターをアウトサイドへ引き出す

大きな選手はインサイドでのリバウンドは得意でも、アウトサイドでのボックスアウトは苦手なことがある。オフェンスリバウンドを考えるとき、戦術的に大きな選手をアウトサイドへ引き出すことも有効だ。

上達へのアドバイス

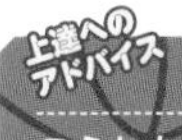

相手の得意なプレーをさせない

こうした考え方は戦術の基本になる。センターのディフェンスリバウンドは、相手にとっては絶対。それをわずかでも減らすことができれば、歯車が狂い始めて、やがて小さなほころびが出てくる。そこを狙う。

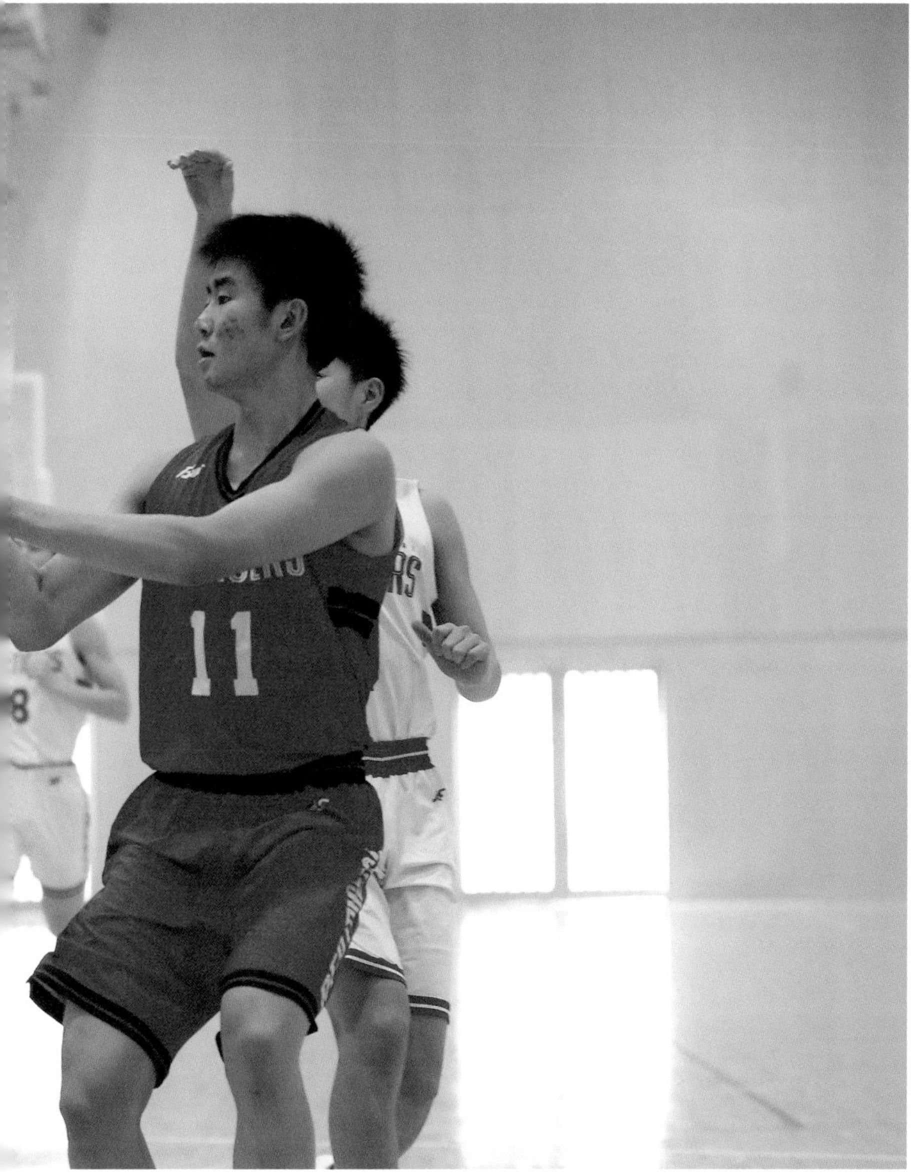

リバウンド

53 アウトサイドから飛び込む

助走をつけて跳べば勝てる可能性もある

飛び込みリバウンドで優位な体勢になる

インサイドで競り合えば、大きい選手が勝つ。しかしアウトサイドから助走をつけて跳べば、勝てる可能性も出てくる。小さな選手がオフェンスリバウンドで勝つために、飛び込みリバウンドは有効な手段だ。

1 アウトサイドからシュートを打つ。

2 ウィークサイドからもリバウンドへ

3 トップはセーフティに残る。

4 リバウンドは取れなくても

5 ブレイクは防ぐことができる。

上達へのアドバイス

ブレイクを走らせない効果もある

オフェンスリバウンドを最初からあきらめると、相手に自由にブレイクに走られてしまう。むしろアウトサイドから積極的にオフェンスリバウンドに飛び込むことで、ブレイクを出させない効果もある。

Column
#01

富樫勇樹選手のスゴさ

日本人初の 1 億円プレーヤーに

2019 年に B リーグの日本人選手として初めての 1 億円プレーヤーになった富樫勇樹選手。身長が高い選手が圧倒的に有利なバスケットボールにおいて、167㎝という小柄な体型で圧巻のプレーを見せてくれている。すべてのバスケットボール選手にとっての、目標であり憧れである。だが富樫選手がスゴいのは、年俸ばかりではない。

入学前にハンドリングをマスター

富樫英樹監督は、息子・勇樹選手を育て、一番近くで見てきた。勇樹選手の土台を作った。「小学校に上がる前には、一通りのハンドリングはできていた」と富樫監督。そして「ハンドリングは中学生よりも小学生」のうちに、と強調する。勇樹選手のように小学生入学前とはいかなくても、いわゆるゴールデンエイジまでにマスターしておきたい。

第2章
オフェンス戦術

オフェンス戦術の組み立て

体格や個の能力で勝てない時はチームプレーを工夫しよう
小さくても動きまわってスペースを作る。ペイントでのシュート数を増やす

中抜けでスペースを作る

パスをした選手がゴールやスペースに向かって走ることをパス＆ランという。パス＆ランをすることで、ディフェンスのマークにズレが生じたり、スペースが生まれたりする。そこを突くことがオフェンスの考えの基本となる。

身体が小さければ平面を広く使う

パス＆ランでゴールやスペースに走る。人が動けばスペースが生まれ、次にそのスペースが使える。これを繰り返すことで、平面を広く使った攻撃が展開できる。

ペイントでのシュートを増やす

パス＆ランでゴールに向かった選手にパスが通れば、そのままペイントでシュートができる。ペイントでのシュートは成功率も高いので、これを増やすことが得点に直結する。

ペイントからアウトサイドの合わせ

ペイントで直接シュートができなければ、アウトサイドで合わせるプレーが有効になる。ポジションに関わらず、3P シュートの精度も高めておきたい。

複数人で合わせる

01 2人の基本の動き

お互いの距離と変化を理解する

パスを出したらゴールへ向かって走る

選手はパスを出したら走る。このパス＆ランによって攻撃が活性化する。元々いた場所にはスペースができて、他の選手が利用できる。

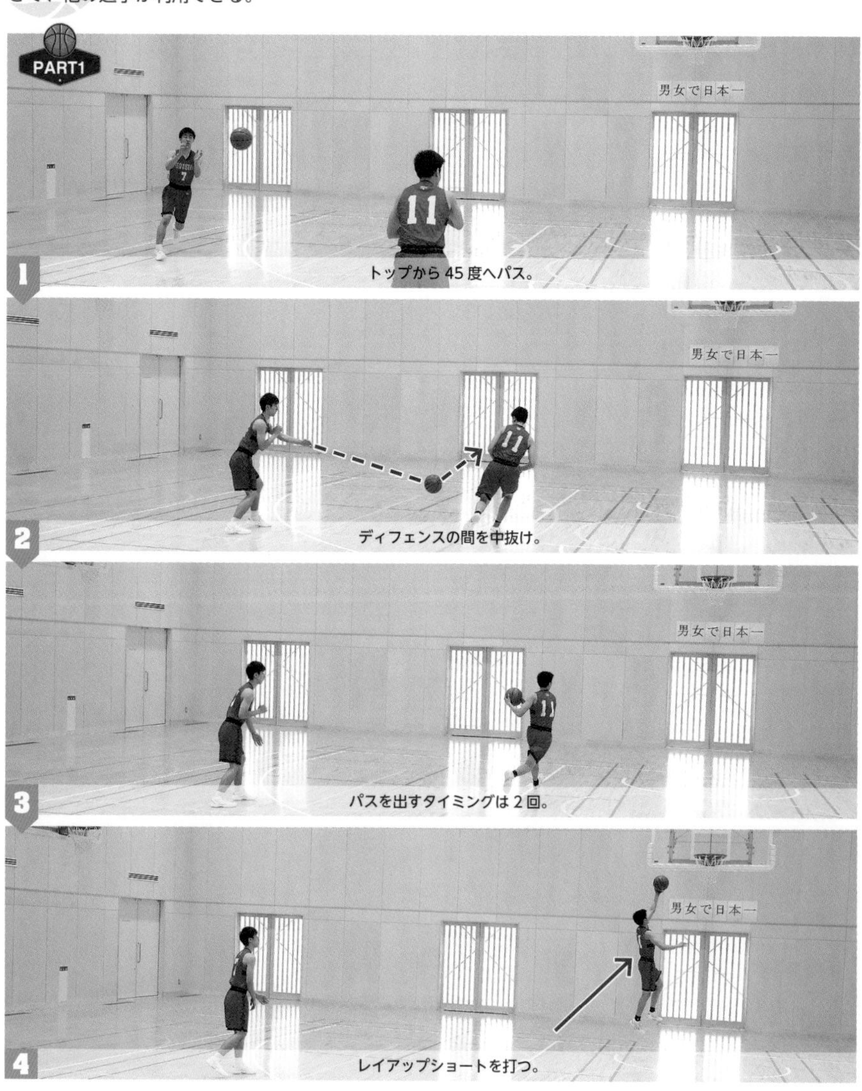

1 トップから45度へパス。

2 ディフェンスの間を中抜け。

3 パスを出すタイミングは2回。

4 レイアップショートを打つ。

ディフェンスの裏を突く

ディフェンスの裏を突いてゴールへ向かって走ることをバックドアという。ディフェンスがディナイしているときに有効なパターンだ。

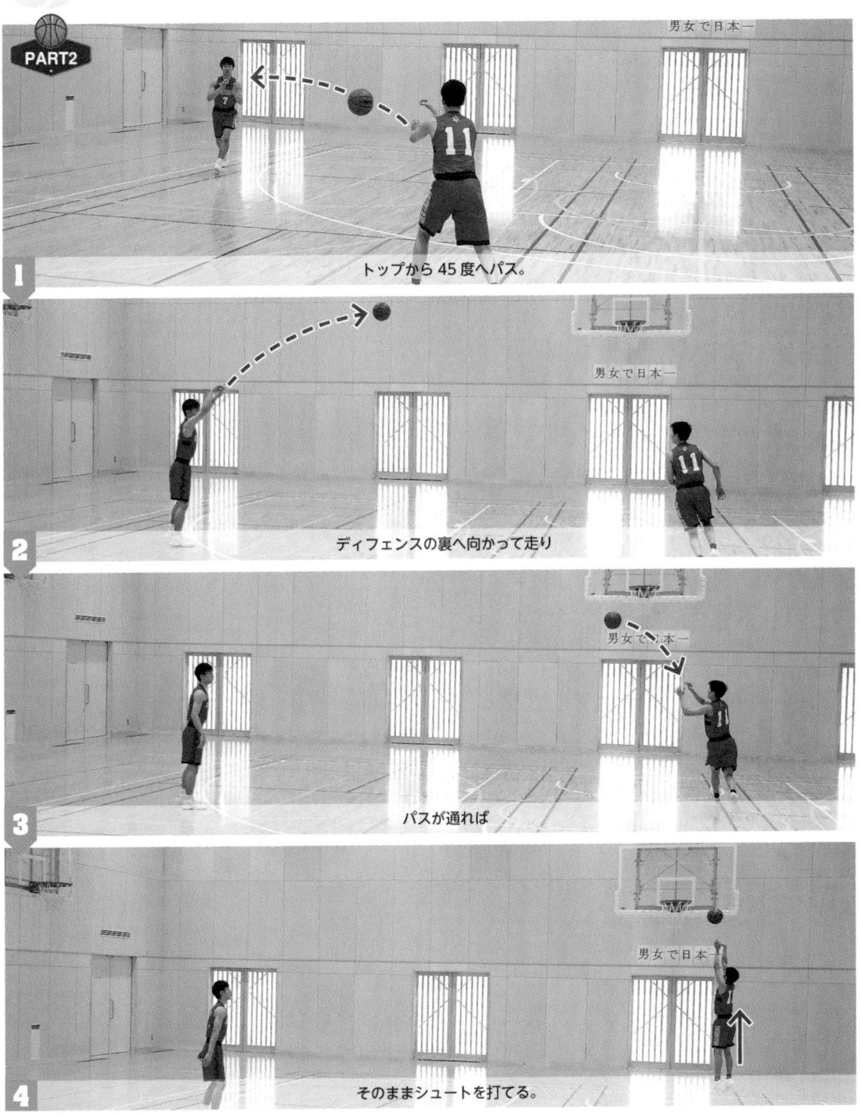

1 トップから 45 度へパス。

2 ディフェンスの裏へ向かって走り

3 パスが通れば

4 そのままシュートを打てる。

上達へのアドバイス

ディフェンスを翻弄するパス & ラン

パス&ランが攻撃の基本になる。中抜けすることでディフェンスが動く。動けばズレができる可能性がある。また元いた場所がスペースになって、別の選手が利用できる。

ドライブに対してドリフト

45 度にいる選手は、トップから自分に向かってドライブが始まったら、邪魔をしないようにコーナーへ下がる。この離れる動きをドリフトという。

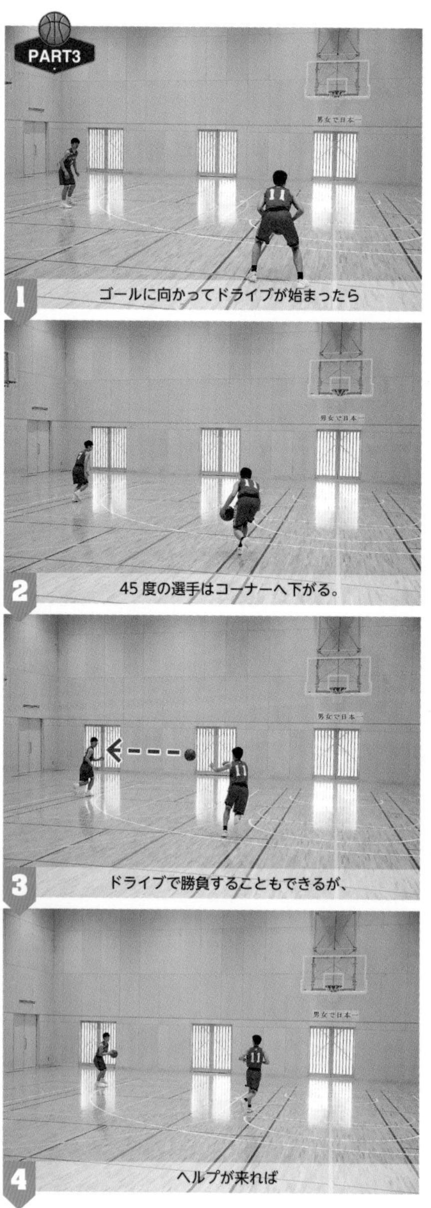

1 ゴールに向かってドライブが始まったら

2 45 度の選手はコーナーへ下がる。

3 ドライブで勝負することもできるが、

4 ヘルプが来れば

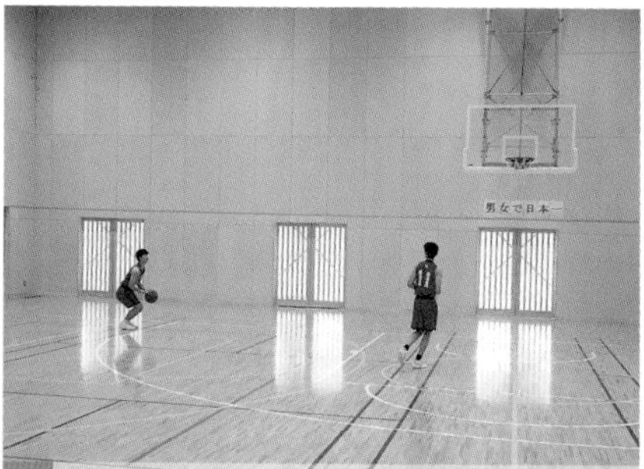

5 コーナーはスペースがあくので

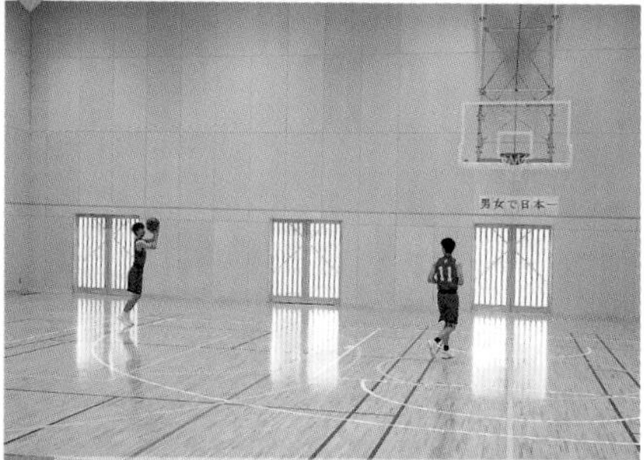

6 ノーマークでシュートが打てる。

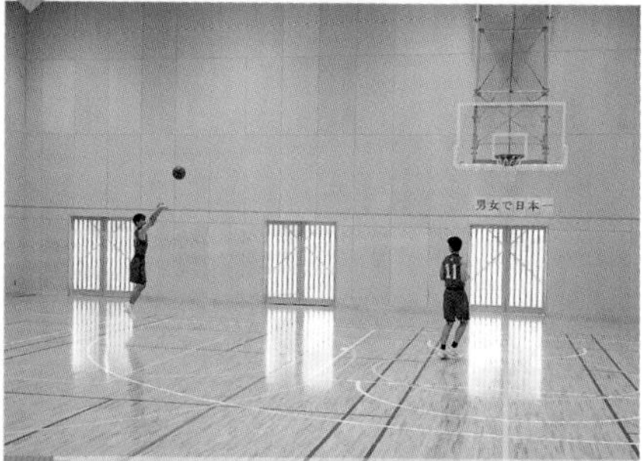

7 シュートを打ったら

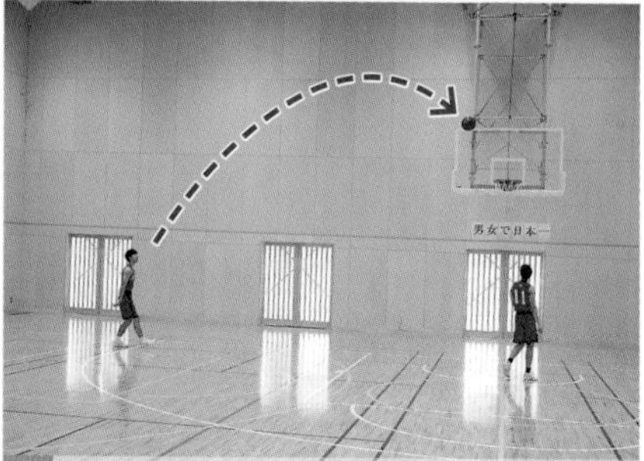

8 そのままリバウンドに入れる。

ドライブが止められたらサポート

ドライブを仕掛けたものの途中で止められてしまったときは、すばやくフロントターンをして背後を向く。コーナーから 45 度へ戻ってパスを受ける。

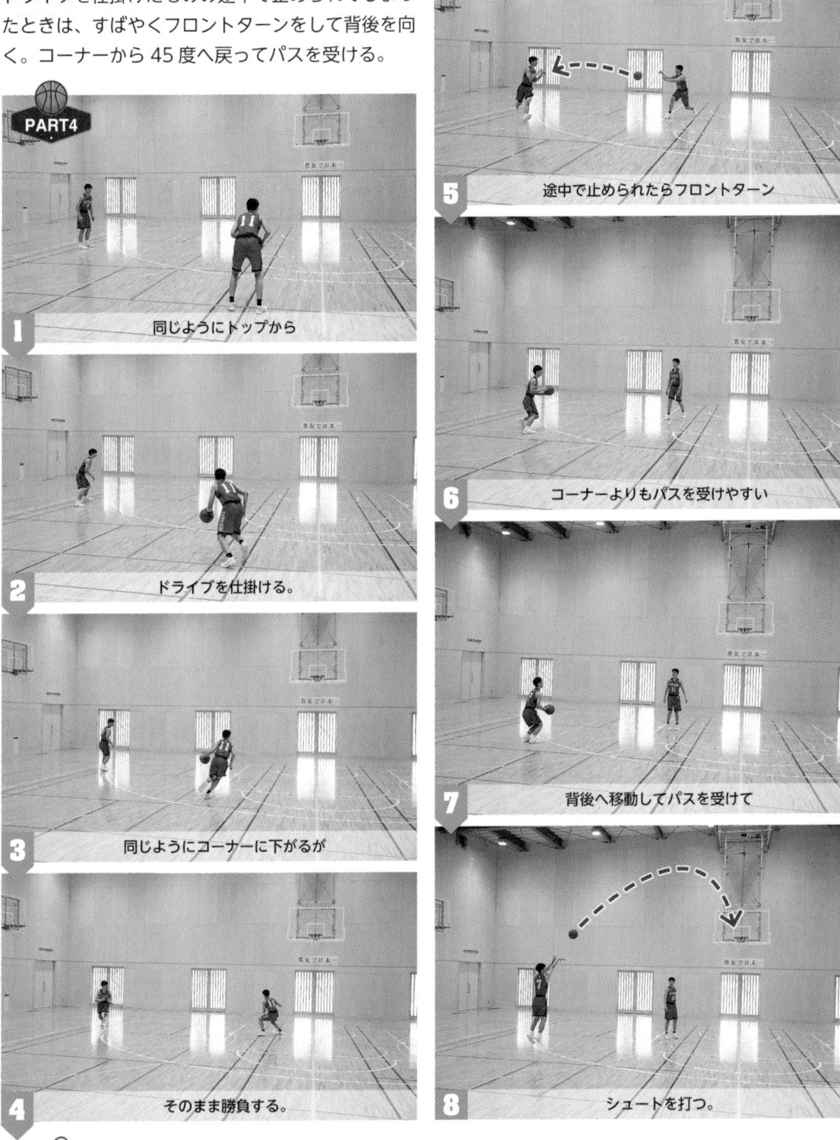

1 同じようにトップから

2 ドライブを仕掛ける。

3 同じようにコーナーに下がるが

4 そのまま勝負する。

5 途中で止められたらフロントターン

6 コーナーよりもパスを受けやすい

7 背後へ移動してパスを受けて

8 シュートを打つ。

上達へのアドバイス

すばやくフロントターンをする

ペイント付近で止まっていると、すぐにディフェンスに囲まれてパスを出せなくなってしまう。すぐにフロントターンをして後ろを向く。また背後へのサポートもタイミングよく動く。

ディナイしていたらバックドア

45 度でディナイされていたら、ディフェンスの裏を狙って走るバックドアが有効だ。トップがワンドリブルしたらすかさずリングへ向かって走る。

1 味方のほうにドリブルする。

2 ディナイされているので

3 すかさずディフェンスの裏を突く。

4 ディフェンスは間に合わず

5 パスが通りやすい。

6 もし通らなくても

7 走り抜けた後の

8 スペースを利用できる。

ウィークサイドドライブにはコーナーへ

ボールマンが離れていても考え方は同じ。ドライブに対してパスを受けやすい位置に移動。ウィークサイドドライブには、コーナーへ下がって受ける。

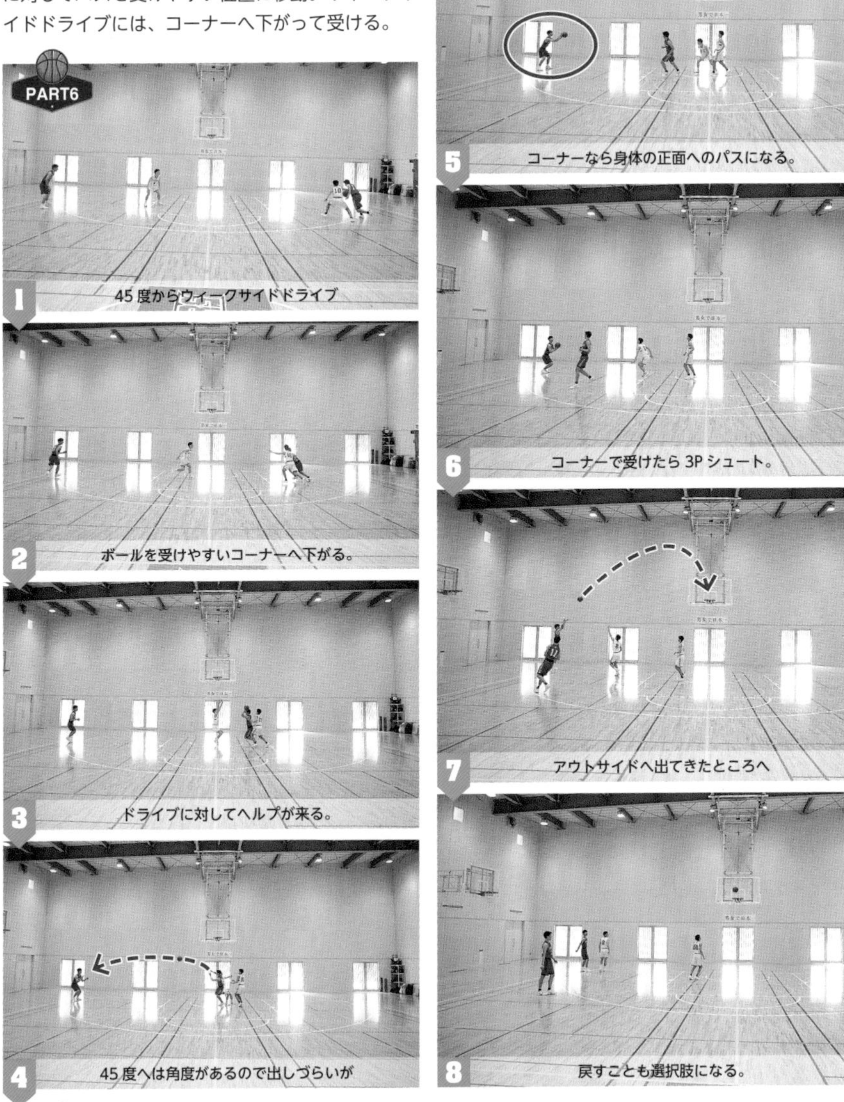

1 45 度からウィークサイドドライブ

2 ボールを受けやすいコーナーへ下がる。

3 ドライブに対してヘルプが来る。

4 45 度へは角度があるので出しづらいが

5 コーナーなら身体の正面へのパスになる。

6 コーナーで受けたら 3P シュート。

7 アウトサイドへ出てきたところへ

8 戻すことも選択肢になる。

上達へのアドバイス

ディフェンスに当たってもいい

コーナーへのパスがディフェンスに当たってしまってもエンドラインを割ることは確実なので、怖がらずに強気でパスを出していい。

45 度からコーナーへ下がる

ストロングサイドドライブが始まったとき、45 度の位置にいると、ヘルプが早く動き出すので、コーナーへ下がってパスを受けて 3P シュートだ。

1 ストロングサイドドライブを仕掛ける。

2 ヘルプがドライブを止めようとする。

3 45 度からコーナーへ下がる。

4 コーナーへのパスは出しやすく

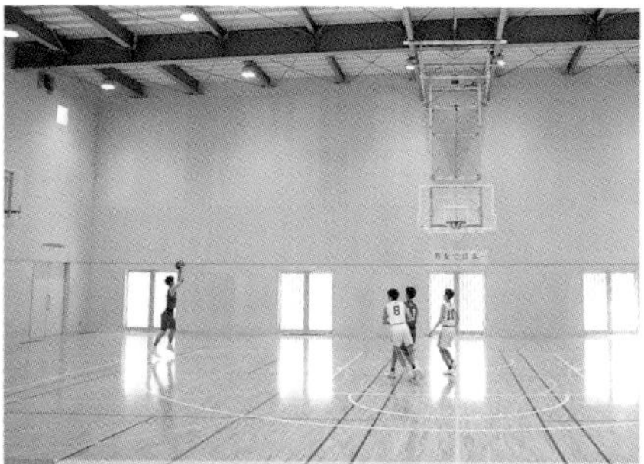

5 ノーマークでパスを受けられる。

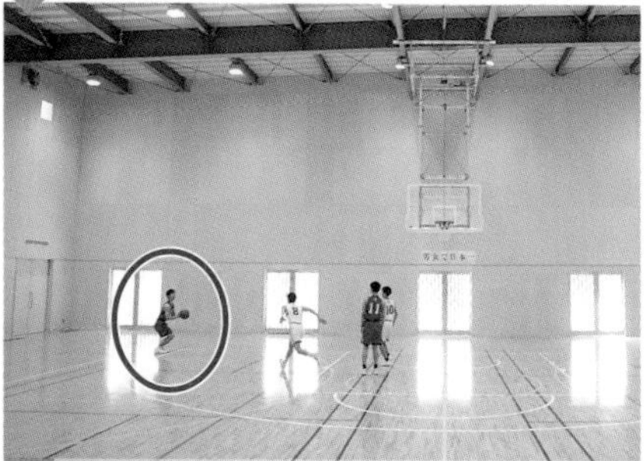

6 ディフェンスは慌てて寄せるが

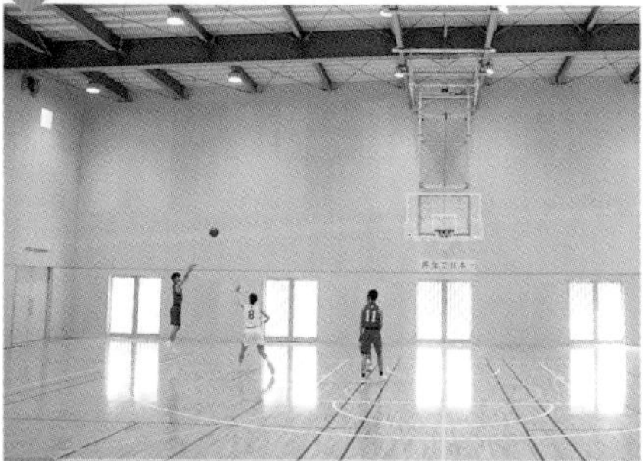

7 3P シュートが打てる。

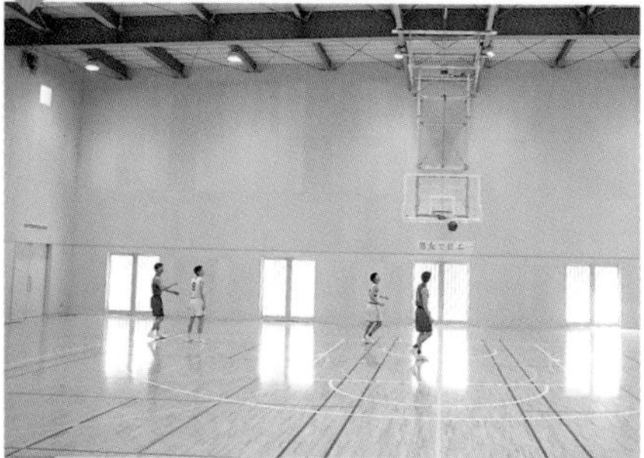

8 ドライブにはスペースへ動くのが約束だ。

コーナーから 45 度へ上がる

ストロングサイドドライブが始まったときコーナーにいるならスペースである 45 度へ上がる。ドライブとは逆回転のこの動きをドラッグという。

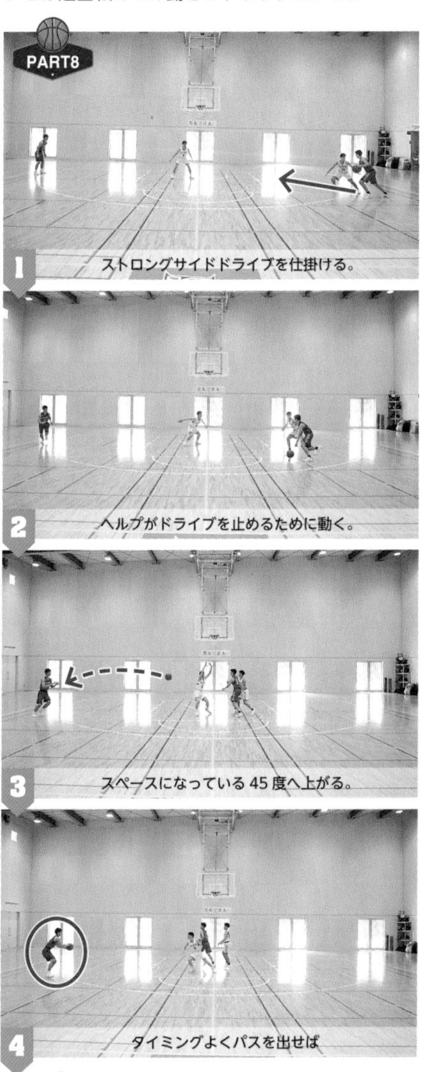

1 ストロングサイドドライブを仕掛ける。

2 ヘルプがドライブを止めるために動く。

3 スペースになっている 45 度へ上がる。

4 タイミングよくパスを出せば

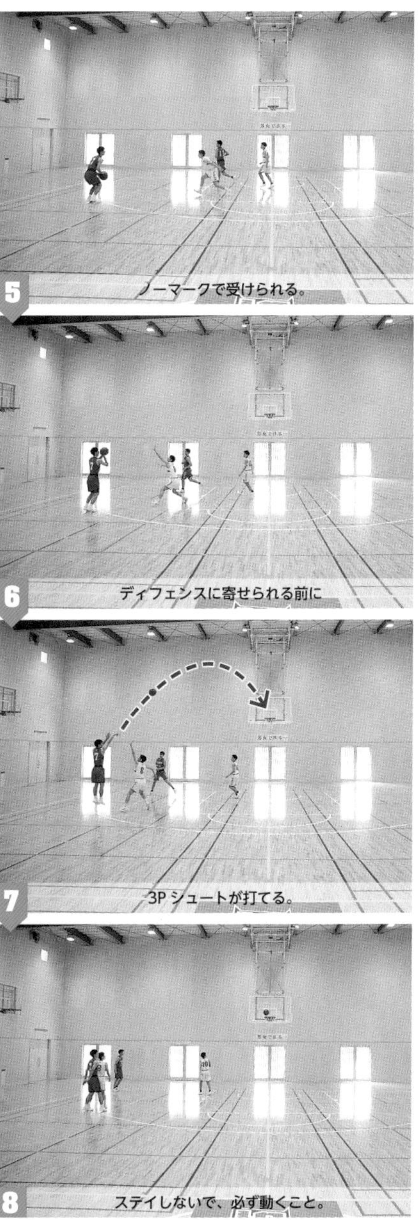

5 ノーマークで受けられる。

6 ディフェンスに寄せられる前に

7 3P シュートが打てる。

8 ステイしないで、必ず動くこと。

上達へのアドバイス

コーナーにいるとパスコースは狭い

ドライブに対してコーナーに止まっていると、ヘルプに動いたディフェンスと重なってしまってパスコースは狭い。必ずスペースへ動くようにする。

複数人で合わせる

02 3人の基本の動き

動き方と意味を理解して取り組もう

ウィークサイドドライブからコーナーへ

2 人の Part6 で説明したパターンに、センターの動きを加えたもの。ウィークサイドドライブには、パスが受けやすいコーナーに下がる。

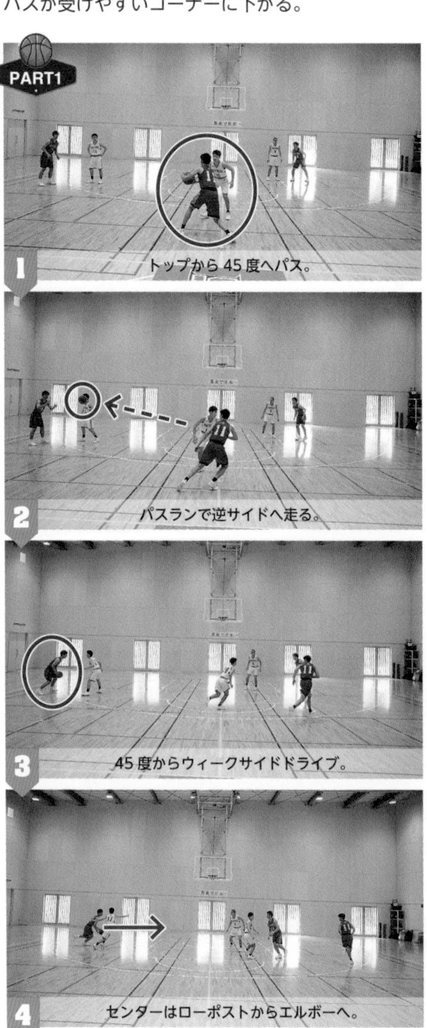

1 トップから 45 度へパス。

2 パスランで逆サイドへ走る。

3 45 度からウィークサイドドライブ。

4 センターはローポストからエルボーへ。

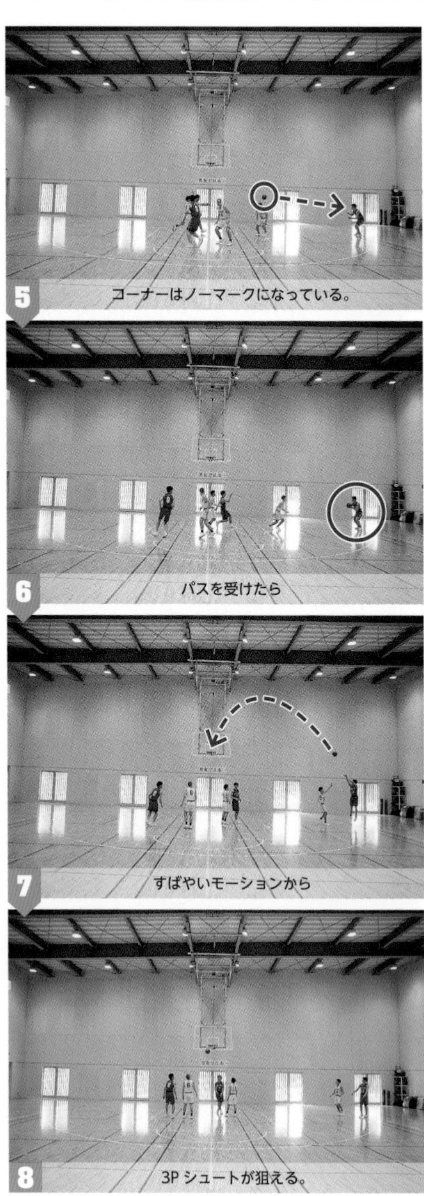

5 コーナーはノーマークになっている。

6 パスを受けたら

7 すばやいモーションから

8 3P シュートが狙える。

ストロングサイドドライブからコーナーへ

こちらは2人のPart7で説明したパターンを3人にしたもの。ローポストがいるためストロングサイドドライブを仕掛けてコーナーで合わせる。

1 トップから45度へパスを出す。

2 パス＆ランで逆サイドへ走る。

3 ストロングサイドドライブを仕掛ける。

4 ヘルプが来るので

5 ノーマークになったコーナーへ。

6 クローズアウトされる前に

7 3Pシュートが狙える。

8 常にスペースへ動くことを意識する。

上達へのアドバイス

2人のパターンの発展になる

このように基本になる動きは2人で行ったもの。パス＆ランでスペースへ走るという約束を実行していけば、3人から4人、最後は5人へと人数を増やしていくことができる。

コーナーからウィングへの展開

ウィークサイドドライブからコーナーまでは、Part1 と同じ。コーナーへのクローズアウトが速くてシュートができなければ、ウィングを経由して、トップからドライブで仕掛ける。最後はステイしたコーナーへ。

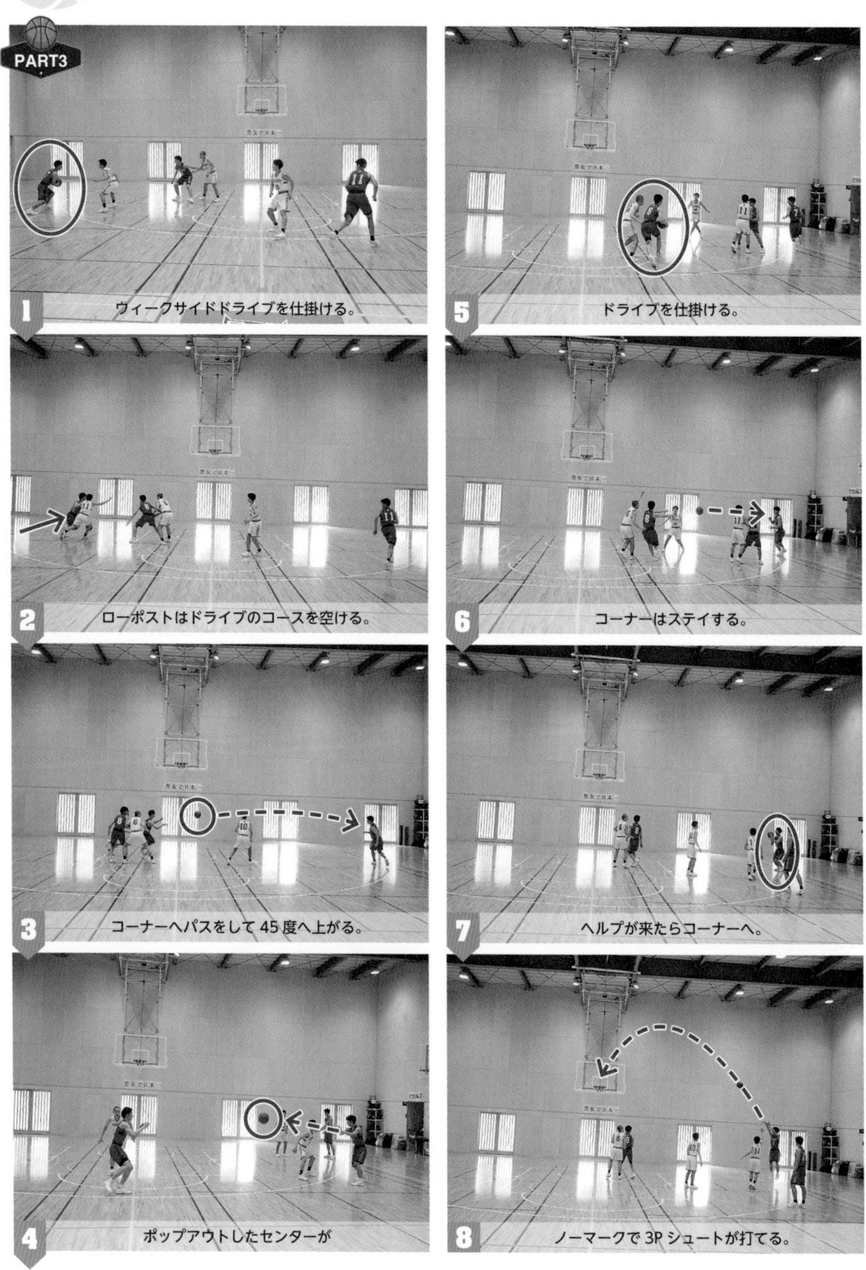

1 ウィークサイドドライブを仕掛ける。

2 ローポストはドライブのコースを空ける。

3 コーナーへパスをして 45 度へ上がる。

4 ポップアウトしたセンターが

5 ドライブを仕掛ける。

6 コーナーはステイする。

7 ヘルプが来たらコーナーへ。

8 ノーマークで 3P シュートが打てる。

コーナーがボールサイドカット

コーナーから 45 度へ戻し、さらにトップへつなぐところまでは Part3 と同じ。そこからの変化で、コーナーの選手がステイではなく、パス＆ランでボールサイドカットをして、レイアップシュートを狙う。

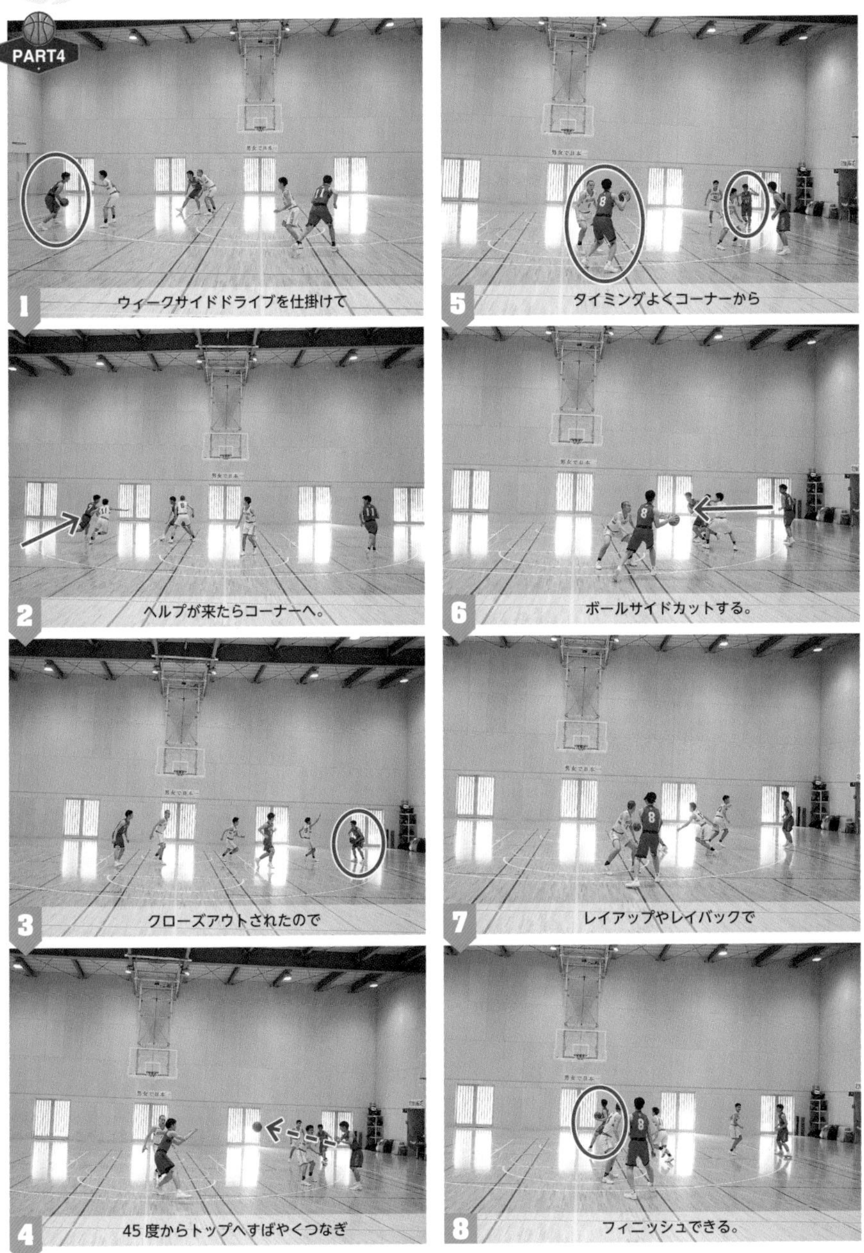

1 ウィークサイドドライブを仕掛けて

2 ヘルプが来たらコーナーへ。

3 クローズアウトされたので

4 45 度からトップへすばやくつなぎ

5 タイミングよくコーナーから

6 ボールサイドカットする。

7 レイアップやレイバックで

8 フィニッシュできる。

ハンドオフからドライブを仕掛ける

ポップアウトしたセンターへつなぐところまでは Part3 と同じ。トップでスクリーンをセットしてハンドオフ。クリーンが成功して、スイッチしたらミスマッチができるので、確実にドライブが仕掛けられる。

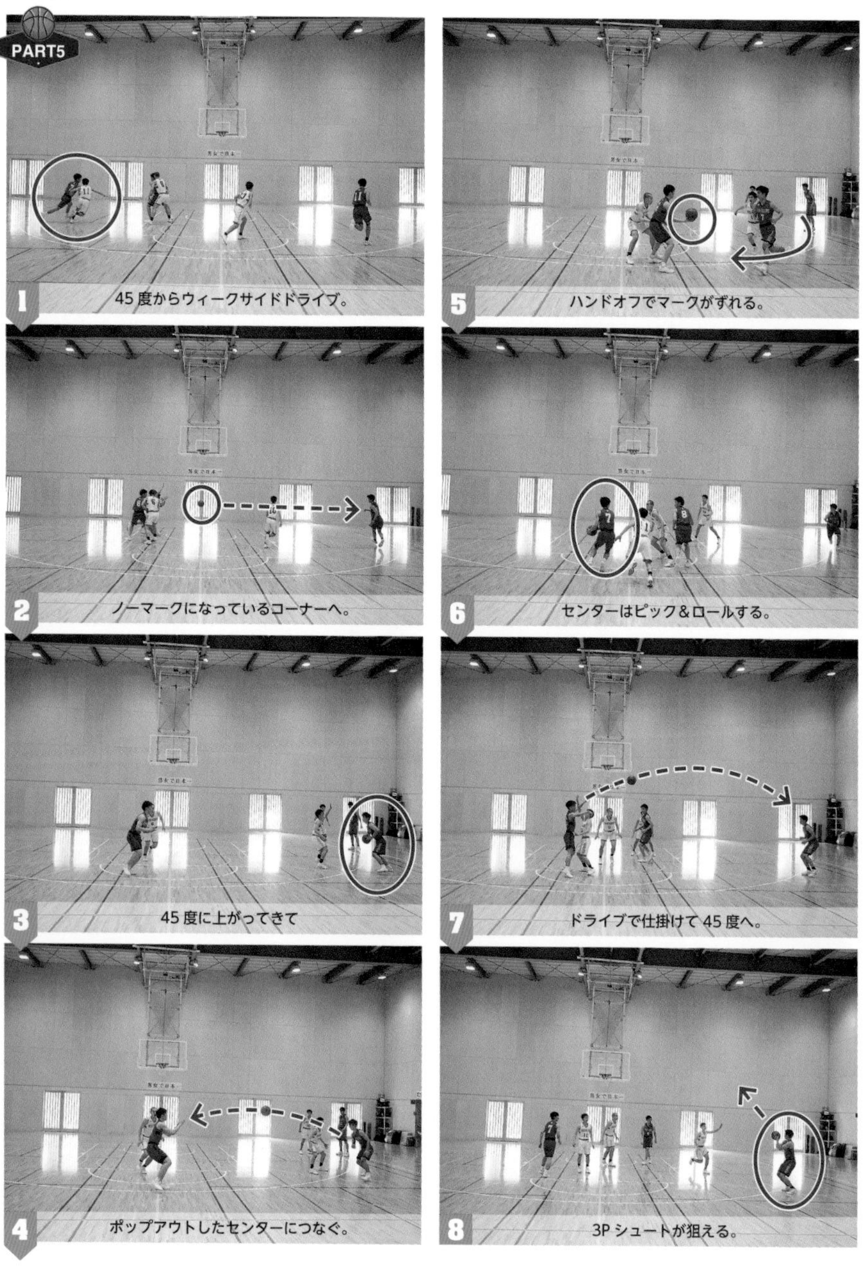

ハンドオフをスライドした場合

ハンドオフまでは Part5 と同じ。ディフェンスがスクリーンをスライドしたら、マークのずれはできないためドライブは難しい。センターはスクリーンをセットし直して、逆へ切り返してドライブを仕掛ける。

1 ウィークサイドドライブからコーナーへ、

2 45 度からトップへ。

3 ハンドオフをするがスライドで対応される。

4 センターがスクリーンをセット

5 今度はスイッチしたため

6 ミスマッチをドライブで仕掛ける。

7 ヘルプが来たらコーナーへ

8 3P シュートを狙う。

Column
#02

食事と栄養管理

身体を作る食事に関心を持つ

開志国際高校バスケ部の選手たちは、１日５食の食事が日課になっている。通常の３食に加えて、午後の練習前と就寝前。身体を作るたんぱく質を多く摂る工夫をしているが限界がある。そこで練習後のプロテインで補っている。父母さんにも「子どもに仕送りをするなら、お菓子ではなくサバやシーチキンの缶詰を」と伝えているという。

練習で 100%の力を出すために

食事に気を使うのは、スポーツ選手として最低限の心構え。食事がしっかりしていなければ、成長期の身体は大きくならないし、練習で100%の力を出せない。富樫監督がスローガンに掲げているのが「凡事徹底」だが、まさに日々の食事や学校生活は「凡事」。それが「徹底」できなければ、ボールを持ったときに最高のプレーはできない。

第3章 戦略とトレーニング

戦略の立て方／体幹トレーニング

相手のキーマンを抑えて、得意とするプレーをさせない。相手チームを分析してどう攻めるか戦略を立てて徹底させる。そのためにもハードワークができる身体作りが必要

ロ一ポストでプレーさせない

強力なセンターにローポストでボールを持たれたら、小さな選手が1人で抑えるのは難しい。解決策としては❶パスをインターセプトする❷ローポストはダブルチームで守る。さらにローポストへはウィングからパスを出すのが基本なので、❸ウィングへのパスをディナイで止めるということが考えられる。

トラップをかけてボールを奪う

チームには必ずキーマンがいる。そのキーマンに長くボールを持たせないことも大事な戦略だ。キーマンは、ミスは少ないし、シュート成功率も高いからだ。例えばボール運びでキーマンを苦しめれば、仕方なく2番目、3番目の選手が持たざるを得ない。そうなればミスをする確率は高くなる。

相手が練習してきたことをやらせない

チームは必ず誰かを中心に、チームのコンセプトに沿った練習をしてきている。そして当然試合ではそれをやろうとする。相手に練習したこととは違うプレーをさせれば、必ずほころびが生まれる。練習してきたことを相手にやらせないというのも戦略だ。

決めたことをやり切る

キーマンを抑えることに成功しても、他の選手にいいプレーをされる場合がある。そのときに、どちらも守って抑えようとすると、必ず失敗する。大切なのは、得点する確率を下げること。例えば、シュートを打てば、得点の可能性が生まれる。そこで、キーマンには打たせない対策をとれば、確率を下げられる。本来の目的をわすれずに、やり切ることが大事だ。

小さいからそこ強靭な体幹を身につける

様々なスキルを身につけても、それを対人のコンタクトがある中で発揮するためには強靭な体幹が必要だ。身体が小さいからこそ強い体幹を身につけよう。130ページ以降を参照してほしい。

戦略

01 トラップをかけてボールを奪う

ダブルチームで苦し紛れのパスを出させる

センターラインを越えたところ

ダブルチームをかけるポイントは２か所。１つ目がセンターラインを越えたサイドライン際。バックパスできないのでパス方向は 90 度に限られる。

1 エンドラインからスタートする

2 サイドラインへディレクションして

3 センターラインを越えたら

4 ダブルチームで苦しいパスを出させる。

5 それをインターセプトできれば

6 １対１かノーマークの状態で

7 レイアップシュートまで

8 持って行ける。

コーナーの選手をノーマークにする

コーナーにいる選手をノーマークに。するとセンターラインの手前から、ロングパスでコーナーにパスを出そうとする。このパスが通った瞬間を狙う。

1 サイドライン際へディレクションして

2 ダブルチームをかけて

3 コーナーへパスを出させる。

4 パスが空中にある間に

5 身体を寄せてしまう。

6 苦し紛れのパスを出したところを

7 インターセプトする。

8 1対1でシュートまで行ける。

9 こうして確率が高いシュートを打てるのは理想だ。

上達へのアドバイス

声のコミュニケーションを習慣にする

ディフェンス中に自分の後方は見えないので、声のコミュニケーションが大事だ。どうして欲しいのか、どう動くのかなどを伝えることを習慣にする。

戦略

02 ダブルチーム

ローポストのセンターを抑える

上からダブルチームに

大きなセンターを１人では抑えられない。そこでダブルチームで挟み込む。足元にピタリとついて、ターンをさせなければリターンパスしかない。

PART1

1 ウィングからローポストへパス。

2 パスが入ると同時に

3 上から寄せて

4 ダブルチームで守る。

5 足元に低い姿勢でついて

6 ターンをさせない。

7 ネガティブスタンスにすれば

8 シュートは打てない。

下からダブルチームに

ミドルポストに立つセンターに、エンドライン側からダブルチームで守る。タイミングよく出ればインターセプトも狙える。

1 ミドルポストのセンターに

2 ウィングからパスが出る。

3 下からダブルチームに入る。

4 両側から挟み込んで

5 足元についてターンをさせない。

6 リターンパスをさせればいい。

1 タイミングよく出ていき

2 インターセプトを狙うこともできる。

声は威圧感を与える効果もある

声でコミュニケーションを取ると、相手は自分のプレーが抑えられているという気持ちになる。プレー以外でも威圧感を与えることになるのだ。

戦略

03 エンドラインからのリスタート

シューターが 3P シュートを打つ

トリッキーなスクリーン

エンドラインからスローインをしたらアウトサイドへ出ていき、ついていこうとする相手選手にスクリーンをかける。ノーマークでシュートが打てる。

PART1

1 エンドラインからスローインをして

2 アウトサイドへ出ていく。

3 コースに２人が並んで立って

4 その間を抜けるようにする。

5 シューターが抜けた直後に

6 お互いの身体を寄せて

7 ディフェンスは通さない。

8 ノーマークでシュートが打てる。

強引にスクリーンにかける

スクリーンがかかるところへディフェンスを誘い込んで、強引にスクリーンにかける。コーナー付近でノーマークの 3P シュートが打てる

1 エンドラインからのスローインで

2 シューターがスクリーナーに近づいて

3 ディフェンスを 2 人の間に誘う。

4 5 秒ルールがあるので、ここまですばやく。

5 スクリーンをかけたら、コーナーへ

6 2 人の身体をつけて通さない。

7 コーナー付近で受けてシュート。

センターでも 3P とドライブを

5 人の役割がはっきりしているチームよりも、全員 3P が打てて、ドライブができるチームは守りにくい。センターでも 3P を練習しよう。

トレーニング

04 ヒジ支点

身体を 1 枚の板のようにする

両ヒジとつま先の 4 点を支点に

四つ這いから両足を伸ばして、ヒジをつける。頭からかかとまで一直線にしたままキープ。身体が 1 枚の板になったようなイメージで引き締める。ただし呼吸は止めずにゆっくりと長く深く続けるようにする。

呼吸は止めずに、長く深く

ヒジが肩の下になるようにする。

お尻が上がらないように

お尻を上げると楽なので、疲れてくると姿勢が崩れやすくなる。これでは体幹に利かない。逆にお尻が下がるのも良くない。

姿勢が崩れてやるよりも、正しい姿勢で時間を短くする

トレーニング

05 ヒジ支点で手足上げ

対角線上の手と足を浮かせる

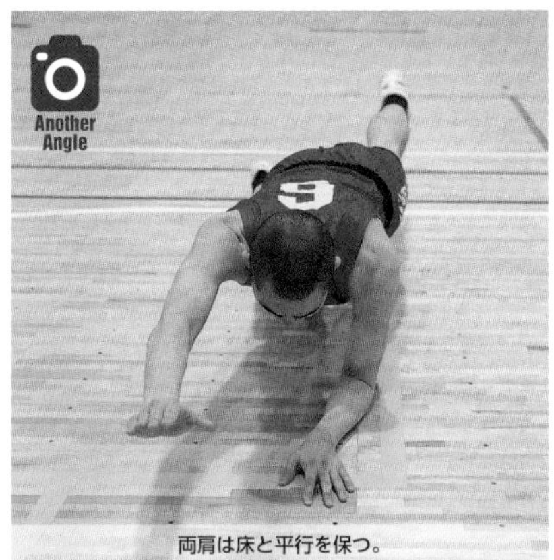

両肩は床と平行を保つ。

ヒジ支点をレベルアップ

ヒジ支点でのパターンから、対角線上の手と足を軽く浮かせる。上げすぎると背筋やハムストリングの筋トレになってしまうので注意する。支えるのが 2 点になるので、バランスを崩しやすく、難易度は高め。その分時間は短く設定してもいい。

上達へのアドバイス

身体の震えを抑える

時間がたつと身体が震えてくる。それを止めようとして、耐えているときが体幹を使っている証拠だ。

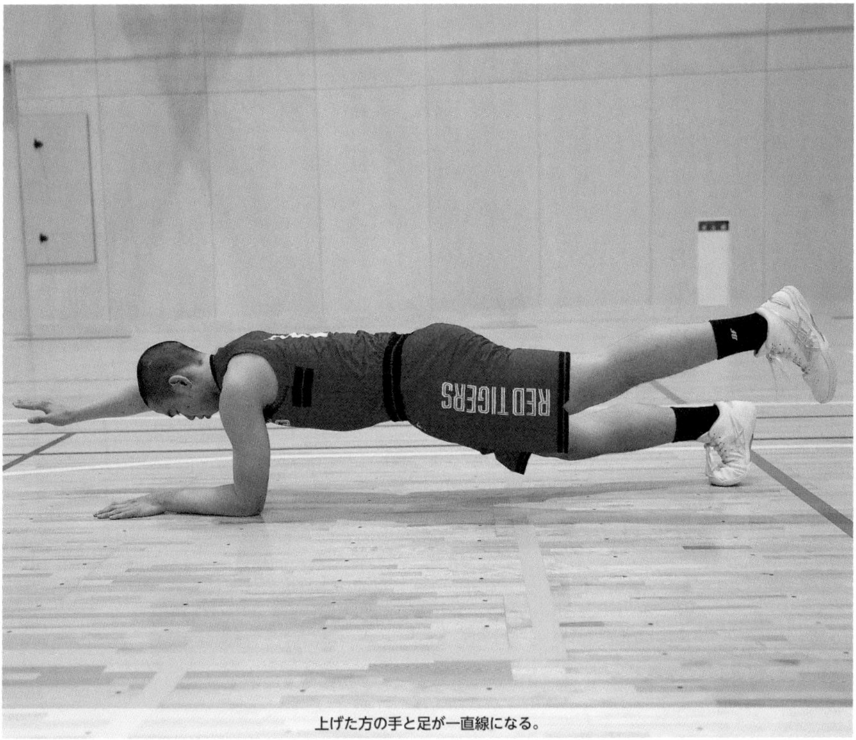

上げた方の手と足が一直線になる。

トレーニング

06 四支点

おへそを背中側に押し込むイメージで

四つ這いからヒザを浮かせる

手のひらとヒザをついて四つ這いの姿勢から、軽くヒザを浮かせる。背中とふくらはぎが床と平行にする。ヒザを上げすぎるのも、お尻が下がるにも良くない。おへそを背中側へ押し込むようなイメージでキープ。これも呼吸は止めずに、深くゆっくりと続ける。

上達へのアドバイス

尾てい骨を張る

背中は真っすぐになっているように見えても、お尻が落ちると下腹部が緩んでしまうので、尾てい骨を上に張るようなイメージでやる。

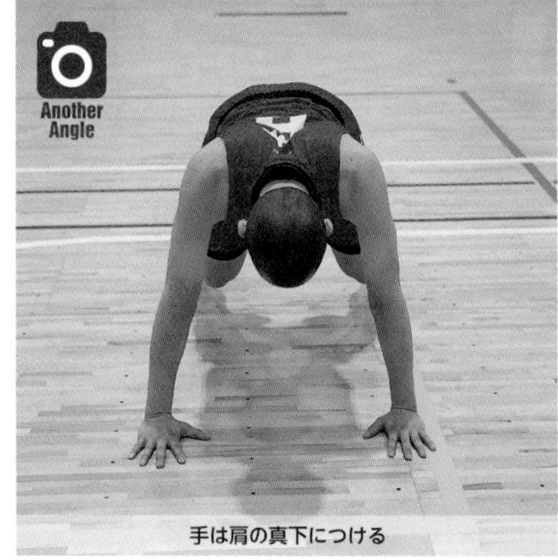

手は肩の真下につける

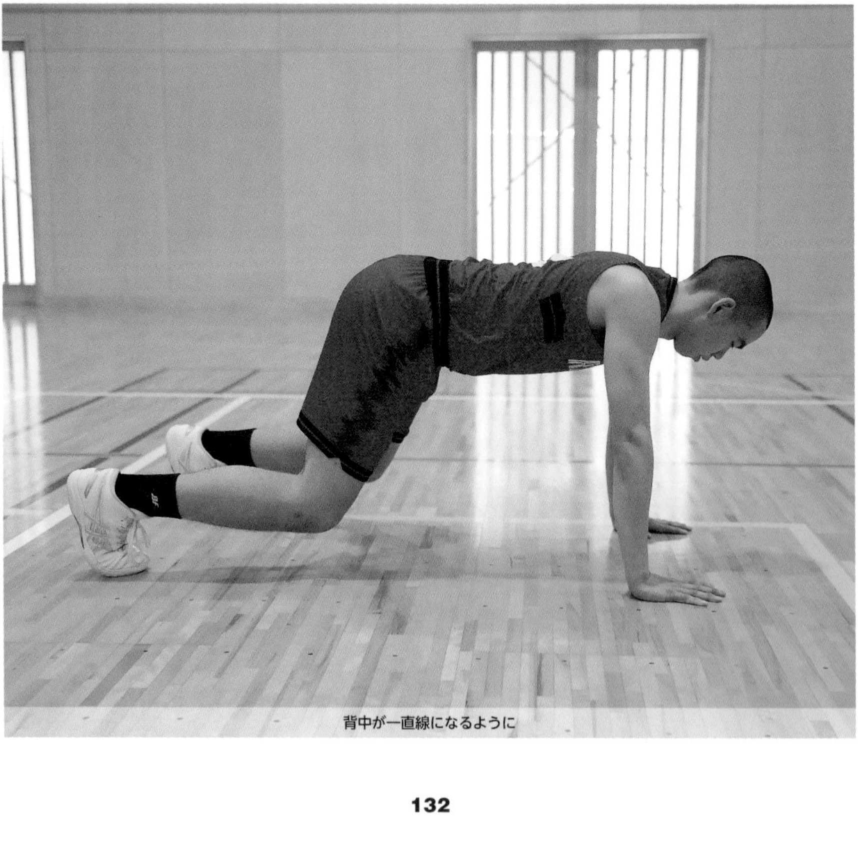
背中が一直線になるように

トレーニング

07 四支点で手足上げ

四支点から対角線上の手足を浮かせる

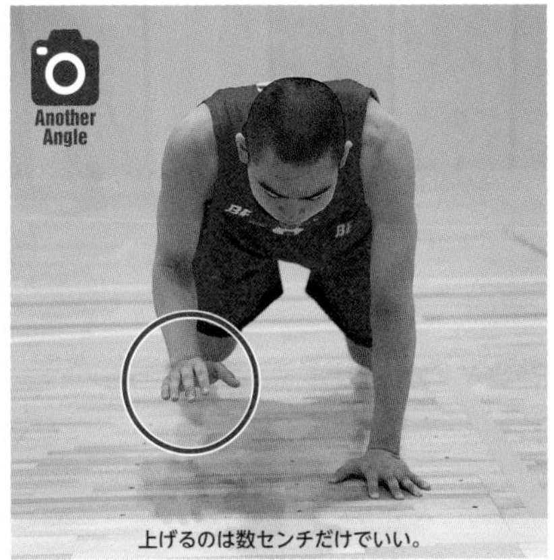

上げるのは数センチだけでいい。

浮かせるのは数センチだけ

四支点の形から対角線上の手と足を軽く浮かせる。浮かせるのは数センチだけでいい。バランスが悪くなるので、より体幹を引き締めて姿勢をキープする。手足を上げるパターンは難易度が高めなので、これも時間を短く設定してもいい。

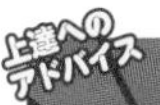

上達へのアドバイス
ふらつきを最小限に抑える

上げた方の対角線がふらつくのが自然だ。それを最小限に抑えて、止めようとすることに意味がある。

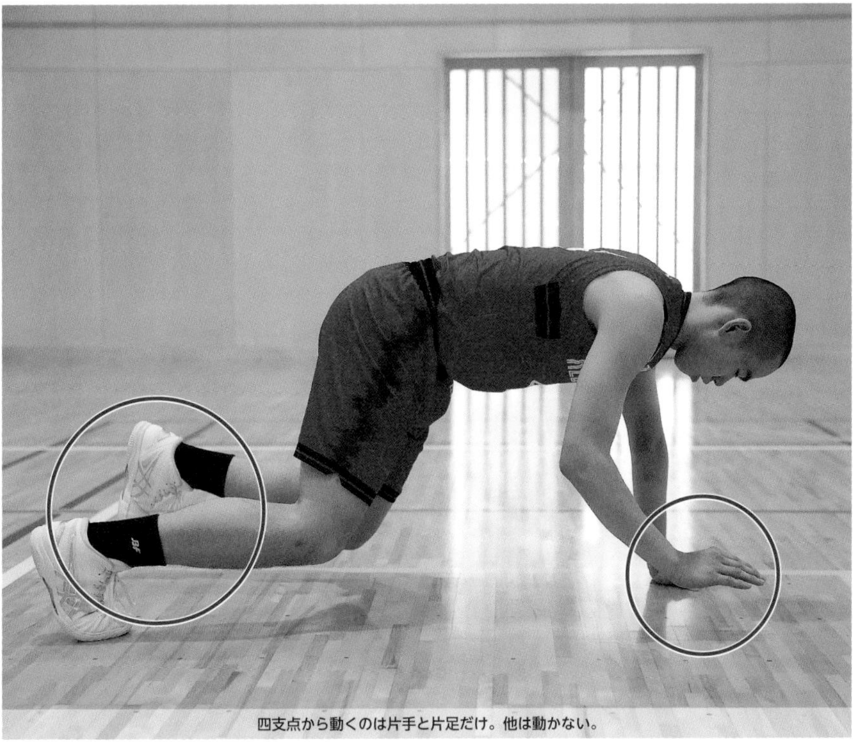
四支点から動くのは片手と片足だけ。他は動かない。

トレーニング

08 手のひら支点

頭からかかとまで一直線にキープ

体幹トレーニングの定番

両手とつま先を支点にして、頭からかかとまで一直線にしてキープする。体幹トレーニングの定番といえる姿勢だ。これもお尻が上がったり、おへそが落ちたりしないように、腹筋周辺を引き締める。また呼吸は止めずに、深くゆっくりと続けるようにする。

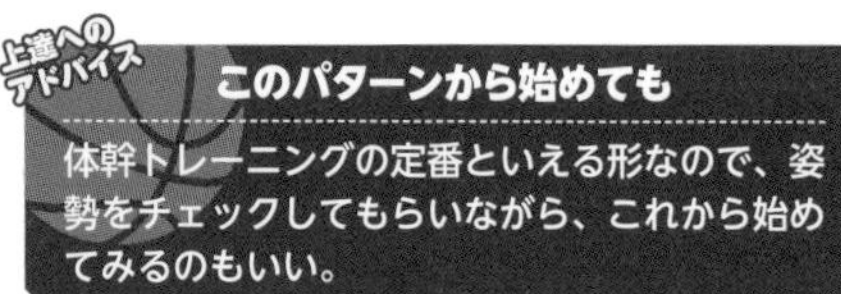

上達へのアドバイス

このパターンから始めても

体幹トレーニングの定番といえる形なので、姿勢をチェックしてもらいながら、これから始めてみるのもいい。

中指をまっすぐ前に向ける

ヒザを曲げるパターンとの違いをはっきり

トレーニング

09 引き上げ

1本の木になったつもりでトレーニング

各部位を一体にする「パッキング」

床に仰向けになり、パートナーと腕を絡め合って、引き上げてもらう。このとき上体を引き締めて、両肩、腹筋、背筋、腰を一体にする「パッキング」を意識する。両足は揃えて突っ張ってかかとを支点にして、頭から動くように引き上げるのがポイントだ。

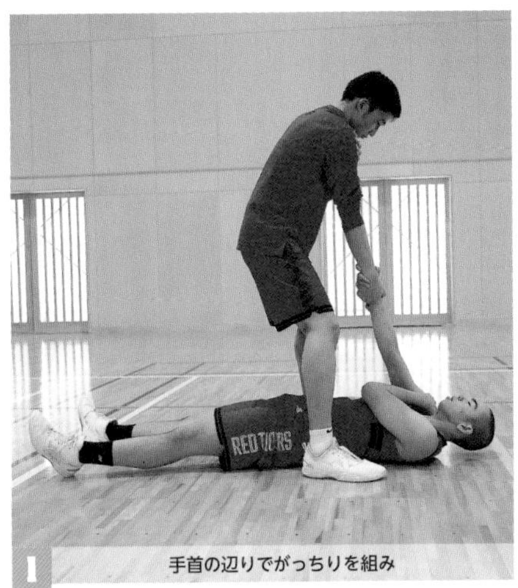

1 手首の辺りでがっちりを組み

2 ゆっくりと引き上げる

Another Angle

1 お互いに反対の手は肩を押さえて保護。

2 急に引っ張ると肩が抜けることもあるので注意

BAD 「パッキング」できていないと

「パッキング」ができていないと、腰が落ちたり、組んだ方と反対の方が落ちたりする。これではトレーニング効果は得られない。

腰が抜けてしまうと体幹が使えていない。

トレーニング

10 プッシュアップ❶

両手の幅を広めにした腕立て

ヒジの下に手を置く

まず手の位置を決めるために、うつ伏せになり、両手を真横に広げる。そのヒジの辺りに両手のひらを置く。一般的なプッシュアップよりも、やや手の幅が広めになる。腕力と同時に胸と肩関節の筋力アップが期待できる。

手を広げたときのヒジの辺りに手を置く。

1 うつ伏せで手の位置を決めたら

腕を伸ばしてし身体を持ち上げる。

2 一般的なプッシュアップをする。

トレーニング

11 プッシュアップ❷

両手の幅をさらに広げるパターン

腕力よりも肩とワキの強化になる

同じようにまずは手の位置を決める。うつ伏せになって真横に両手を広げて、ヒジよりもさらに手のひら1～2つ分外に開く。広いほど難易度は高くなるので、能力によって微調整する。手の幅が広くなると、より肩やワキの筋力強化ができる。

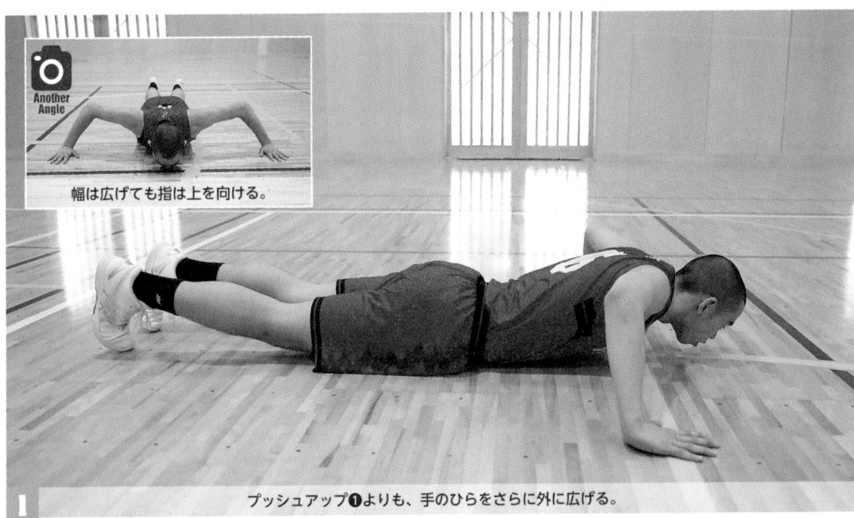

幅は広げても指は上を向ける。

1 プッシュアップ❶よりも、手のひらをさらに外に広げる。

滑らないように固定する。

2 腰が落ちないように注意する。

トレーニング

12 レッグバランス

バランス感覚と体幹を同時に強化

身体でＴの字を作るように

まっすぐに立ち両手を広げたら、片足を伸ばしたまま後方に引き上げていく。足を上げるのに合わせて、上体は前に倒していく。両手、身体、足がすべて真っすぐになるようにして、上から見ても、横から見てもＴの字になるようにする。

体幹と同時にバランス感覚も養える。

前から見てもＴの字になる。

上達へのアドバイス

頭の重量を支える

人間の身体は頭が重い。前に倒れそうになるのを腹筋を引き締めて耐える。利き足と逆で得意と苦手もあるので、どちらもできるようにする。

トレーニング

13 ランジ❶

動きの中で体幹を引き締め

歩幅を定めて正確に下ろす

両手を頭の後ろで組んで、頭が振られないように固定。片足を前にゆっくりと上げてから、前方にゆっくりと下ろし、そのまま両ヒザが90度になるところまで曲げる。歩幅が狭すぎても広すぎても良くない。自分の歩幅に正確に下ろすようにする。

1 ゆっくりと足を上げて

2 ゆっくりと正確に下ろす。

3 体幹を引き締めて、

4 頭が振らつかないようにする。

トレーニング

14 ランジ❷

軸足を支点に半円を描きながら進む

ゆっくりと 180 度回る

ランジ①から上体は起こしたまま腰を落とす。片足を上げて 180 度回転して、再び腰を落とす。動作は常にゆっくりと、丁寧に動くことを心掛ける。

1 胸を張って腰を落とし

2 ゆっくりと片足を上げて

3 180 度回転して

4 再び腰を落とす。

5 今度は逆回転しながら

6 最初の姿勢に戻る。

上達へのアドバイス

ウェイトを持って行う

ランジ❶❷ともに 10 ～ 20kg のウェイトを持ってやる。片手ずつ両肩に担ぐようにすると、重心が高くなって、難度はより高くなる。

トレーニング

15 スクワット

姿勢を安定させて、上体を上下させる

股関節を押し込んで、お尻を突き出す

両手を胸の前で組んで、まっすぐに立つ。両足の幅は肩幅か、それよりもやや広め。ヒザを曲げて腰を落としていくが、このとき股関節を押し込むようなイメージで、お尻を突き出す。また腰を落としたときに上体が前に倒れないように注意する。

1 頭からかかとまで真っすぐ

1 つま先はやや外向き

2 上体の形は変えずに腰を落とす。

2 つま先と同方向へヒザを曲げる。

～あとがきにかえて～

バスケットボールの知名度が日本国民に少しずつではありますが、上がってきました。

私は 26 年間、中学校で指導し、その後 6 年間、高校で指導しています。これまですべてジュニア層の指導にたずさわってきました。その経験の中で、地域から日本、そして世界に目を向けた時、私なりに日本人の特性や、ジュニア層の子どもたちが、出来ているようで、出来ていない事を考えました。そして、バスケットボールに携わるジュニア層の大半である、身長の低い子どもたち、その子どもたちだけではなく、恵まれた身体を持つ子どもたち全員が身に付けて欲しい基本技能を、本書で幅広く紹介しようと思いました。

本当に一部ではありますが、これから始める子どもたちや、経験が浅い子どもたちにも参考になれれば幸いです。

ようやく、日本でバスケットボールに光が当たるようになってきました。今までにはない、日本代表の試合がテレビで放映されるようにまでなりました。本当に嬉しいことです。

日本代表を支えているのは、ミニバスの子どもたち、そしてジュニア層です。その金の卵たちの指導の重要性を常に感じて、責任も感じながら指導していかなければなりません。これからも日本バスケットボール界発展のために、ジュニア層の指導をしたいと思います。

そして子どもたちには、本書では触れませんでしたが、技術はもちろん、一番大切なのは「心」です。素直な子どもこそ、実力が伸びていることは私の経験から言えます。

バスケットボールをもっと好きになり、「笑顔」で練習や試合に取り組んでください。

富樫英樹

監修

富樫英樹

開志国際高等学校 バスケットボール部総監督

1962年生まれ。新潟県立村上高校－日本体育大学卒。現役時代のポジションはPG（ポイントガード）。元U-16日本代表ヘッドコーチ。中学教員時代に、新発田市立本丸中学校のバスケットボール監督を16年間務める。公立中学校を全国大会常連校へと押し上げ、2度日本一へと導く。2014年に開学した開志国際高校でバスケットボール部の監督に就任。わずか2年後の2016年にインターハイに出場しベスト8、創部5年目の2018年に全国制覇を成し遂げる。日本を代表するPG・富樫勇樹選手（千葉ジェッツ）の父であり、バスケットボールの基礎を教え込む。

津野祐樹

開志国際高等学校 男子バスケットボール部 アシスタントコーチ

大学卒業後、開志国際高等学校の男子バスケットボール部を指導。寮監を務め、生徒の兄貴分として慕われている。中学生時代に富樫英樹氏の指導のもと、全国大会に出場。その経験を活かし、熱い指導を行う。

男女バスケットボール部

学校創設とともに富樫英樹氏を迎え、男女バスケットボール部が創部された。男女ともに強く、新潟県屈指の強豪校。男子は2018年インターハイ優勝、2019年インターハイはベスト4入り。チームニックネームはRED TIGERS。

開志国際高等学校

新潟県胎内市に2014年（平成26年）4月開校。国際コース、医学進学コース、アスリートコースがあり、バスケットボールをはじめアメリカンフットボール、陸上など競技毎の専攻に分かれている。敷地内に男女とも寮が設置されており、ほとんどの選手が寮生活を送る。

小さい選手が大きい選手に勝つための

バスケットボール・スキル

2020年6月30日　初版第1刷発行

監　修　富樫英樹
発行者　滝口直樹
発行所　株式会社マイナビ出版
〒101-0003　東京都千代田区一ツ橋 2-6-3 一ツ橋ビル2F
電　話　0480-38-6872（注文専用ダイヤル）
03-3556-2731（販売部）
03-3556-2735（編集部）
E-MAIL　pc-books@mynavi.jp
URL　https://book.mynavi.jp

印刷・製本　株式会社大丸グラフィックス

※定価はカバーに記載してあります。
※落丁本・乱丁本についてのお問い合わせは、TEL0480-38-6872（注文専用ダイヤル）か、電子メールsas@mynavi.jpまでお願いいたします。
※本書について質問等がございましたら、往復はがきまたは返信切手、返信用封筒を同封のうえ、（株）マイナビ出版編集第2部までお送りください。

ISBN978-4-8399-6884-7